Émile de Kératry

La Crise agricole aux États-Unis

Économie

ISBN : 978-1721623679

10 9 8 7 6 5 4 3 2 1

Émile de Kératry

La Crise agricole aux États-Unis

Économie

Table de Matières

ACCROISSEMENT DE LA CULTURE ET DES PRODUITS. — APPAUVRISSEMENT DES FERMIERS.

INTRODUCTION.

La conférence des trois Amériques (*Pan America*) [1], réunie depuis le 15 octobre 1889 à Washington, sur l'invitation et aux frais du congrès des États-Unis, vient de clôturer ses travaux. Commission d'études préparatoires, dont le mandat devait s'arrêter à l'expression de vœux ; composée d'hommes, pour la plupart compétents, délégués par les quinze républiques américaines ; la voici qui se disperse aux quatre coins du Nouveau-Monde. Porteurs de la bonne parole adressée dès le début par son président, M. Blaine, le secrétaire d'état des États-Unis, et confirmée par le président Harrison au grand banquet d'adieux tenu le 16 avril dernier, les 35 commissaires décideront-ils leurs gouvernements respectifs à entrer, poings liés, dans le vaste Zollverein industriel, commercial et monétaire rêvé par M. Blaine, dont les visées ne sont même pas arrêtées par les frontières du Canada ? En effet, l'homme d'état américain vient d'obtenir du congrès la nomination de commissaires, chargés de provoquer l'entrée du Dominion dans cette grande ligue douanière. Pareille accession serait le couronnement de l'œuvre entamée contre le commerce et l'industrie de l'Europe.

Le doute sur le succès de cette audacieuse entreprise est permis. Ce n'est pas que les séductions et les tentations aient manqué au programme. L'oncle Sam s'est mis grandement en frais pour promener pompeusement par tous ses états les délégués du sud et du centre, à peine débarqués sur le territoire du nord. Californie, montagnes Rocheuses et grands lacs, Chicago et New-York, cités gigantesques et déserts fertilisés ont été parcourus par les voyageurs, entraînés à toute vapeur sur un train de luxe royal, peu conforme aux mœurs plus que Spartiates de la Maison-Blanche.

Après six semaines de pérégrinations forcées, ils ont enfin retrouvé le repos à Washington, fourbus, et saturés de banquets copieux comme de speechs alléchants : ils viennent d'y délibérer durant cinq mois. Le secret des dernières discussions n'a pas été si bien gardé que les propos orageux des récents jours n'aient transpiré. Si on s'en rapporte à l'impression générale et finale, les offres de lignes ferrées et maritimes destinées à sillonner toutes les eaux et contrées des trois Amériques, destinées surtout à écouler à travers les républiques latines les produits miniers, métallurgiques, agricoles, industriels et monétaires de la vaste république du Nord, sans compensations avantageuses pour le commerce et les échanges des petites républiques, ont laissé, paraît-il, les délégués du *Pan America* assez froids.

Sauf la prise en considération par la conférence d'un arbitrage obligatoire, en cas de conflit, soit entre toutes les nations américaines, soit entre celles-ci et les puissances européennes, dont l'exécution restera sans doute platonique, à en juger d'après la querelle qui a éclaté à la dernière heure entre les délégués du Chili et ceux des États-Unis, l'échec des visées du secrétaire d'état serait probable. Et encore, sur ce terrain de l'arbitrage international, la bonne foi du gouvernement américain a-t-elle été soupçonnée et a-t-elle éveillé des craintes qui ne sont pas encore calmées : on y a vu la mainmise préméditée sur les petits états, et l'on s'est regimbé. Finalement, le 28 avril dernier, huit des quinze républiques ont contresigné l'accord voté par le congrès *Pan America* : les sept autres ont fait défaut.

De plus, grâce à l'expérience de leurs collègues, fort avisés, du Chili et de la République argentine, les commissaires n'ont pas tardé à découvrir le point faible de la cuirasse de M. Blaine. Ils ont reconnu que la première nation manufacturière et agricole du monde entier produisait beaucoup plus que ne pouvait digérer le marché d'Europe, et que, par cette unique raison, l'oncle Sam, à l'aide de promesses fallacieuses de détaxes douanières, cherchait à recruter chez eux 30 nouveaux millions de consommateurs. Il ne leur a pas fallu non plus grande clairvoyance pour deviner que la grande sœur du nord ne possédait point de marine propre, et comptait gracieusement sur le trésor de ses cadettes, pour établir à bon marché une navigation à vapeur en état d'exporter ses propres produits.

Malgré la rapidité de leur voyage circulaire, tous ces points noirs, qu'une plume des plus autorisées signalait ici même [2] avec tant de prévoyance, sous le titre des *Mécomptes et des succès des*

États-Unis, ne leur ont point échappé. Ils se sont convaincus, non sans éprouver un certain plaisir, que les États-Unis sont à l'heure présente, non point menacés, mais bien atteints d'une crise agricole qui va en s'aggravant, et qui doit devenir un péril sérieux à très brève échéance.

Durant la dernière partie de leur séjour dans la capitale fédérale, les membres de la conférence *Pan America* ont en effet assisté aux doléances des campagnes qui sont venues frapper bruyamment aux portes du Capitole. Ils ont entendu députés républicains ou démocrates, entre autres ceux du Kansas, dénoncer le mal en termes virulents sur les bancs du congrès. Ils ont lu les séries d'articles alarmants, publiés et répétés par toute la presse américaine sous ces titres significatifs : *Depression agricultural. — Ruination of farmers'. — The distress of agriculture.*

Enfin, les débats publics et privés leur ont révélé la génération spontanée et le fonctionnement d'une nouvelle association, grosse de menaces dans un prochain avenir tant sur le terrain économique que politique, sœur rurale et déjà l'étroite alliée des « Chevaliers du travail : » nous voulons parler de *The Farmers' Alliance.*

A cette heure, la question sociale est posée dans les campagnes comme dans les villes. Capital et salaire sont face à face. Qui a fait naître la question ? Comment sera-t-elle, sinon résolue, du moins traitée ? C'est ce que nous allons rechercher, en interrogeant le passé et le présent du sol américain. Ce qui est hors de doute, c'est qu'à cette heure le fermier des États-Unis, propriétaire et locataire à bail, est et se sent menacé, dans la plupart des états fédéraux, d'une ruine imminente, à moins que républicains et démocrates ne s'entendent sans retard sur les mesures dictées par l'expérience acquise, et par l'étude des commissions d'enquête. Car cette question vitale n'est pas nouvelle pour le congrès : elle remonte déjà à plusieurs années.

I. — DEPARTMENT OF AGRICULTURE.

Le mal profond dont souffre à cette heure l'agriculture américaine ne saurait être imputé à la direction actuelle du ministère fédéral de l'agriculture. Car les origines en sont déjà vieilles, et les causes, que nous indiquerons ultérieurement, en sont multiples.

On peut affirmer au contraire que le *department of agriculture*, de très récente création, s'est placé du premier coup à hauteur de sa tâche, tant par son organisation que par son personnel. A la tête de ce département, dont le similaire existe dans tous les grands pays, sauf en Russie, se trouve un secrétaire (ministre), nommé directement par le président des États-Unis. Ce fut M. J.-M. Rusk qui fut appelé à ce poste après le dernier triomphe du parti républicain.

L'histoire de M. Rusk offre toute la saveur du terroir comme du tempérament américain. Né en 1830, dans l'état d'Ohio, fils de petit cultivateur, il a passé sa jeunesse dans le rude apprentissage de la terre. Simple laboureur, il mania la charrue et faucha la moisson à la sueur de son front : aucune machine agricole à la vapeur n'existait encore. Plus tard, il devint conducteur de la diligence publique (*stage-coach*).

Grâce à sa connaissance et à son amour du cheval, il parvient à amasser un léger pécule, qui prospère par son infatigable et honnête activité. La guerre de sécession le surprend au milieu de sa vie rurale, jouissant déjà d'une grosse popularité au sein des classes agricoles, qui lui décernent, dès le début de la campagne contre le Sud, le grade de lieutenant-colonel. Aussi vaillant que doué d'énergie, il rapporte dans ses loyers les étoiles de général-brigadier. Il retourne à la terre, se fixe sur un domaine de 200 hectares qu'il achète et qu'il cultive lui-même dans le Wisconsin.

Depuis cette époque, grâce à la confiance qu'il a su inspirer aux fermiers, la fortune politique n'a cessé de lui sourire. Élu député en trois congrès consécutifs, nommé gouverneur du Wisconsin, ses concitoyens le proposent plus tard parmi les candidats à la présidence de la république, durant la convention nationale de Chicago, où il s'efface devant le président actuel, M. Harrison. Aussitôt la déroute du parti démocrate consommée, une part dans le nouveau cabinet est faite à l'Ouest, en sa personne et en celle de son collègue au département de l'intérieur, le secrétaire John W. Noble. D'aspect athlétique, d'abord débonnaire quoique brusque, sous sa rude écorce M. Rusk est nu caractère : ce n'est ni un Yankee, ni un politicien. Il a apporté dans son nouveau poste toute l'expérience agricole, acquise en sa jeunesse rurale : il s'est consacré tout entier à sa nouvelle tâche. On lui prête une réelle valeur : certains même lui assignent dans l'avenir la future succession présidentielle de son heureux concurrent, M. Harrison. C'est dans ce pays que tout arrive. Il est pourtant bon de constater qu'en ces derniers temps les démocrates ont regagné beaucoup de terrain, lors des élections municipales. Les énormes scandales administratifs, judiciaires et autres qui viennent d'éclater à New-York [3] ont moins d'influence sur les électeurs, que le programme ultra-protectionniste du parti républicain, bien fait pour irriter les classes agricoles, et se les aliéner.

Le ministère de l'agriculture est de nouvelle création, avons-nous dit : en effet, il date de dix-huit mois seulement. Simple branche administrative pendant près de cinquante années, son origine fut des plus modestes. Au début, la réglementation de la terre, de sa culture et de ses produits ne relevait que du caprice des « farmers. » et des immigrants, nouveaux ou changeants propriétaires du sol, vaste tribu cosmopolite et nomade, armée de la hache du pionnier et du rifle du conquérant, toujours prête à courir aux horizons inconnus qui s'entr'ouvraient au fur et à mesure que les Indiens reculaient. Les congrès et la population fixe étaient dévorés surtout de la fièvre de l'industrie. Dans l'administration encore rudimentaire de la Maison-Blanche, tout ce qui touchait à la colonisation était relégué à l'étroit dans le bureau des brevets et patentes. Ce fut à cette époque de confusion que M. Ellsworth, placé à la tête de cette dernière direction, économiste distingué, eut l'idée de doter son pays de cultures nouvelles dont il avait étudié les propriétés. Dans un dessein philanthropique et de ses propres deniers, il fit acquisition à l'étranger de graines qu'il avait jugées être aptes au terroir. Sur son premier rapport, attestant le succès de cette expérience, le congrès se décida à voter un subside de 1,000 dollars pour achat de nouvelles graines à distribuer gratuitement aux colons. L'initiative nationale venait ainsi de se substituer officiellement à l'initiative particulière : l'organisation agricole allait en sortir à bref délai. En effet, ce faible noyau se développa rapidement. Dès 1849, parut un premier rapport sur l'agriculture, distinct, et désormais séparé, du rapport des patentes dans lequel la partie rurale était restée englobée jusqu'à cette époque. Le 15 mai 1862, une direction particulière était formée sous les ordres de M. Newton, de Pensylvanie, nommé commissaire-général. En 1889, ce commissaire-général était changé à son tour en ministre, par suite du prodigieux développement de la culture. Ce fut un des derniers actes du président Cleveland. M. Rusk en a recueilli le lourd héritage ; il comprend plus des deux cinquièmes de la fortune actuelle des États-Unis.

De la modeste somme de 300,000 dollars, le budget total du département de l'agriculture, dont l'exercice commence en juillet pour finir en juin, a été porté en ces derniers temps, sur les propositions de M. Rusk, à 1 million de dollars, sans parler du budget particulier alloué par loi spéciale aux « stations agricoles » de chaque état. Dans certains cas prévus, et suivant leur développement d'expérimentations, ces dernières reçoivent une subvention annuelle de 15,000 dollars du budget fédéral, que vient encore grossir l'allocation de l'état auquel elles correspondent.

Ces stations agricoles servent de liens directs entre le département de l'agriculture et chaque état, pour tout ce qui a trait à la surveillance et à la répression des épizooties et des maladies végétales ; d'autre part, entre le même département et les populations agricoles de tous les territoires pour la transmission des avis, brochures, graines ou plantes. Elles sont au nombre de quarante. Leur besogne n'est pas mince. L'an dernier, le ministère leur a fait expédier six millions de paquets de graines à répartir utilement. Toutes ces expéditions et livraisons parviennent à titre gratuit au fermier, qui reçoit en outre une série annuelle d'imprimés relatifs à toutes les questions pouvant intéresser le sol, l'atmosphère, les transports et l'élevage. Jamais, en aucun pays, on n'a vu pareil luxe de catalogues et de manuels descriptifs ou pratiques *ad hoc*. Pour subvenir à ces dépenses prévues et inscrites, le ministère touche du Trésor une allocation supplémentaire de 50,000 dollars.

En outre, de son côté, le congrès consacre personnellement, par an, 100,000 dollars au même objet. Pour cette catégorie d'imprimés, les députés et les sénateurs de chaque état en reçoivent les deux tiers, à charge de les faire parvenir à leurs mandants. Comme on le voit, la réclame électorale ne perd pas ses droits dans un pays où la corruption du suffrage universel dépasse tout ce qu'on peut rêver : les votes s'achètent par groupes de dix électeurs. Pour rester dans le vrai, disons que bien des ballots de ces imprimés vont échouer des hauteurs du Capitole chez les épiciers de la ville, à 5 *cents* (centièmes de dollar) la livre de papier : c'est un petit casuel courant et très accepté.

Le personnel central du département de l'agriculture varie entre quatre cent cinquante et cinq cents employés. Un grand nombre de femmes et de jeunes filles y est admis, après examens quelquefois entachés de favoritisme. La connaissance de deux langues, de la sténographie et du *type writer* [4], en sus d'une certaine instruction, est requise. Chaque directeur ou chef de bureau est assisté, dans son cabinet, d'une de ces employées féminines. Étant données l'éducation et les mœurs américaines, ainsi que les conséquences légales d'une galanterie imprudente, les inconvénients de cette cohabitation journalière avec le sexe faible sont, il faut le reconnaître, très rares. Les appointements annuels et très enviables de ces travailleuses s'élèvent jusqu'à 4,000 francs par an : le même système est en vigueur dans tous les ministères à Washington. En nul autre pays civilisé, la femme ne trouve autant de moyens de travail honorable et rétribué, même dans le commerce et dans l'industrie, sans qu'il s'ensuive pour elle aucune déchéance sociale.

Séparé des autres ministères, qui sont groupés à Washington autour de la Maison-Blanche, le *department of agriculture* jouit d'un édifice particulier, style néo-gothique, à onze fenêtres de façade, dominant de ses terrasses circulaires, tout agrémentées d'arbres et de fleurs exotiques, les rives du petit bras du Potomac. Situé au bas de la capitale fédérale, à l'extrémité de la treizième rue et dans la région des promenades publiques, cet édifice se dresse au milieu d'un petit parc de très agréable aspect. Sur ses flancs se développent, à droite, des serres destinées à l'acclimatation des plantes étrangères, bananiers et ananas surtout. Plus loin, un pavillon de cristal, venu de Paris à Washington, souvenir de notre exposition internationale de 1878, qui renferma à cette époque la riche collection des céréales des États-Unis, aujourd'hui petit palais d'entomologie. Sur la gauche du ministère, où nul n'a sa demeure que le gardien, on trouve un établissement modèle de sériciculture où se pratiquent uniquement l'élevage du ver à soie et le dévidage du cocon, après lente préparation, sur de merveilleuses machines ; enfin, un magasin réservé à la réception et à la distribution de toutes graines et plantes propres au développement de la colonisation.

Dans les sous-sols de l'hôtel central est installé un cabinet de chimie dont les odeurs empestent les bureaux, exposés à sauter un jour ou l'autre, et dans les combles s'opère la culture de tous les bacilles épizootiques. La création d'un nouvel édifice pour obvier à ce fâcheux voisinage est imminente, et la place ne fera pas défaut.

Les douze directions organisées correspondent parfaitement à tous les besoins agricoles de la vaste confédération, tout en se bornant au rôle de conseillères et de tutrices. Entre autres, le service de statistique intérieure et étrangère y est admirablement conçu. Sous l'impulsion de M. Hill, le bras droit de M. Rusk et le vétéran le plus instruit de la presse agricole, il poursuit et publie ses enquêtes, renseignant sans cesse les marchés sur les besoins de l'extérieur, sur les ressources indigènes, sur les stocks de la production nationale, qu'il tient de cette façon toujours en haleine.

Comme on peut en juger, la direction générale imprimée par le département est intelligente et prévoyante. Au sein de notre vieille Europe elle ferait merveilles, parce qu'elle ose beaucoup ; mais, en dépit de toute son initiative, elle se voit presque condamnée à l'impuissance, car elle est paralysée par les tarifs excessifs qui frappent la main-d'œuvre et la production agricoles au profit de l'industrie américaine, tarifs issus du système de protection à outrance inauguré par le parti républicain après la chute de Cleveland, et dont le congrès comme l'exécutif sont les deux complices responsables. En second lieu, elle ne peut plus rien contre l'immense dette hypothécaire dont le sol s'est presque partout surchargé, et dont les intérêts usuraires dévorent fatalement les produits de la terre, quelque généreuse qu'elle soit. A coup sûr, la terre du Nouveau-Monde l'est à l'excès : c'est en la baisant que le poète antique eût pu s'écrier justement : *Alma parens* !

En effet, si on ne considère que la prodigieuse exportation de blés, grains, cotons, etc., emportés à chaque marée des ports de l'Union à destination de l'ancien continent, dont tous les marchés sont bouleversés par cette invasion continue, il est certain que le statisticien ne peut, à première vue, qu'enregistrer une fécondité exceptionnelle à l'actif de l'agriculteur américain. Mais l'importance de la production n'est qu'un facteur dans le problème de la prospérité agricole. Reste à savoir si le fermier, qui cultive la terre pour son propre compte ou pour celui d'un tiers, retire de son travail le salaire légitime nécessaire pour assurer le présent et l'avenir des siens : telle est la contre-partie indispensable pour établir un juste calcul.

C'est ici qu'à seconde vue la statistique intervient encore utilement. Eh bien, les documents officiels émanés des autorités américaines vont nous répondre. Ils attestent qu'au fur et à mesure de l'accroissement de la production, l'appauvrissement du propriétaire foncier fait de rapides progrès dans cet immense pays, où la nature prodigue pourtant les richesses de tout ordre.

II. — STATISTIQUE AGRICOLE DES ÉTATS-UNIS.

Tout d'abord ouvrons le dernier rapport du *department of agriculture*, publié au mois de novembre 1889, et portant sur la période écoulée de 1850 à 1880 : il est des plus instructifs.

A cette date la plus récente, la récolte annuelle des États-Unis produit environ 4 milliards de dollars (le dollar vaut 5 fr. 25). Cinq millions de fermes emploient dix millions de travailleurs et représentent une population de trente millions d'âmes. Le capital affecté à cette vaste exploration s'évalue à 2,507,000,000 de dollars.

Il faut déjà noter que, malgré l'immigration considérable qui s'est ruée sur les États Unis depuis 1870, et malgré l'accroissement du territoire fédéral, les classes agricoles qui constituaient à cette même époque environ 48 pour 100 de la population totale, se sont abaissées, en 1889, à près de 43 pour 100 : ce qui porte la diminution à 5 pour 100 en vingt années, diminution causée par l'absorption de la grande fournaise industrielle.

Les États-Unis tiennent le premier rang parmi les producteurs agricoles : à eux seuls, en effet, ils produisent 30 pour 100 des céréales du monde entier.

Avant de parler de la production, examinons quelle est à cette heure la superficie cultivée et productrice, après les accroissements successifs des états ou territoires nouveaux, non y compris l'Alaska.

	1850	1860	1870	1880
Nombre d'acres [5] en culture	293.560.614	407.212.538	407.735.041	536.081.835
— en défrichemens	113.032.614	163.110.720	188.921.099	284.771.042
— en fermes	1.449.073	2.044.077	2.659.985	4.008.907
Superficie des fermes (bâtimens)	203	199	153	134

D'après ce tableau synoptique, la surface cultivée, qui a progressé d'une façon constante, comprenait, en 1880, 82 pour 100 de la superficie totale des États-Unis. La superficie des bâtiments ruraux semble seule avoir diminué : ce n'est qu'une apparence. L'écart tient à ce que des petites fermes ont été englobées peu à peu dans ces grandes sociétés par actions, parfois anglaises ou allemandes, des *Wheat et Bonanza farms*, dont nous aurons à constater plus loin l'influence néfaste sur la petite propriété. L'accroissement des cultures, sauf au temps d'arrêt marqué par la guerre de sécession, s'est élevé, de 1851 à 1880, de 69 pour 100 ; celui des défrichements, de 111 pour 100. Ce dernier est la cause directe des grandes et brusques perturbations atmosphériques qui sévissent sur les États-Unis avec une fréquence et une violence inconnues jadis : témoin le récent et terrible ouragan qui vient de ravager en mars dernier la vallée de l'Ohio, à partir de Louisville.

A la date de 1880, la valeur des fermes recensées a été estimée au taux de 10,197,096,776 dollars, c'est-à-dire au quart de la fortune entière de la république fédérale. Mais il faudra considérablement rabattre de ce chiffre quand nous aurons à tenir compte des sommes énormes dues et empruntées par les fermiers à titre hypothécaire ou chirographaire.

De tous les états, c'est celui de l'Ohio qui est le plus favorisé par la culture, 9à pour 100 de son territoire : c'est l'état exclusivement agricole. Celui du Maine, le moins favorisé, ne cultive que 60 pour 100 de sa surface totale. L'influence de l'usine s'y fait sentir en absorbant terre et main-d'œuvre.

III. — PRODUITS AGRICOLES.

Nous examinerons, en premier rang, les céréales : maïs, blé, avoine, orge, seigle et sarrasin. Nous avons dit plus haut que les États-Unis occupaient le premier rang parmi les peuples producteurs de céréales, par rapport à la surface cultivée. L'économiste Mulhall, qui assigne à chacun des pays sa véritable place dans son ouvrage intitulé *le Progrès des nations*, confirme ce fait.

Le relevé successif, et quatre fois décennal, de la production en céréales récoltées aux États-Unis atteste également que c'est en ce pays que le nombre de boisseaux produits par habitant reste le plus considérable. Cette progression effrayante, qui nous est révélée par la table suivante, et qui provient surtout de la fertilité de terres vierges, suffit à expliquer la possibilité et la nécessité, pour l'Amérique du Nord, d'accroître sans cesse sa clientèle de consommateurs, dût-elle aller la chercher au fond de l'Afrique, si elle ne veut pas périr de pléthore.

Années	Récoltes en boisseaux totale	— par habitant	Tant pour cent de l'augmentation sur les dix années précédentes
1850	867.453.967	37.40	«
1860	1.239.039.947	39.40	42.8
1870	1.387.299.153	35.98	12. »
1880	2.697.580.229	53.79	94.5

Notre commission douanière, récemment élue au sein du parlement, pourra méditer avec fruit ces chiffres inquiétants pour notre propre agriculture. La France devra décider si, à l'imitation des États-Unis, l'heure n'est pas venue de se protéger efficacement contre une invasion qui menace de la submerger.

Le *department of agriculture*, admirablement renseigné à Washington par ses agents extérieurs, ne perd pas de vue un seul instant les statistiques étrangères. Il ausculte chaque jour les besoins courants et probables, comme les prévisions de récoltes, de ses clients naturels d'Europe. Plein de prévoyance pour ses nationaux, il vient de les faire avertir, par récentes circulaires adressées à ses stations agricoles des états, de se mettre en mesure pour restreindre cette année la culture des grains et lui substituer celle d'autres espèces végétales. Nul doute que cet avis sera écouté.

Entrons maintenant dans quelques détails sur la production des céréales. A tout seigneur, tout honneur. Voici le maïs, au panache doré, qui a conservé son nom primitif d'*Indian corn*, le grain indien, dénommé plus tard, en Orient, blé de Turquie. Il en a été de même pour le dinde (*Indian*), qui a pris et conservé le nom anglais de *Turkey*. Originaire de l'Amérique, exporté dans le bassin de la Méditerranée après la découverte de Colomb, et de là en Angleterre, il n'a pas pu s'y acclimater à l'état sauvage, mais il a retenu son surnom britannique.

Le maïs fut le vieux père nourricier des tribus indiennes, qui ignoraient la culture des autres grains : plante semi-tropicale qui a besoin des ardeurs hâtives du soleil pour arriver à maturité, et dont le royaume s'étend du Mexique au Canada, des rives de l'Atlantique à celles du Pacifique. C'est surtout dans la partie nord du centre de ces régions qu'il se livre à tout son épanouissement. En 1880, l'Iowa, l'Illinois, le Missouri, l'Indiana, l'Ohio et le Kansas en ont jeté chacun sur le marché plus de cent millions de boisseaux. Ils ont produit 73 pour 100 de la récolte générale : c'est là où a été récoltée la quantité la plus abondante par acre. La moyenne s'y est élevée à 35 boisseaux, tandis que dans les autres régions elle n'a pu dépasser 25 boisseaux. Il faut remarquer que les deux régions extrêmes, Nouvelle-Angleterre au nord, Floride et Louisiane au sud, restent les moins favorables à ce genre de culture.

La production de 1880 s'est élevée à 1,754,591,676 boisseaux, récoltés sur 62,368,869 acres cultivés. On peut en déduire que cette céréale est celle qui a le plus rapidement progressé, même proportionnellement à la population, comme le démontrent les quatre derniers recensements. Nous rappellerons toutefois que la période de 1870, notablement inférieure à la précédente de 1860, correspond aux ravages de la guerre civile.

Années	Total des boisseaux récoltés	Production par habitant
1850	592.071.104	25 boisseaux
1860	838.792.742	27 —
1870	760.944.549	19 —
1880	1.754.591.676	35 —

Il n'est pas indifférent, après que la commission douanière française vient de décider un relèvement de droits d'entrée sur les maïs et farines de maïs étrangers, de savoir en quelles proportions cette production tabule use de l'Amérique du Nord s'est épanchée sur l'Europe et sur le monde entier, après avoir déjà suffi à la consommation nationale, très développée sur cette matière alimentaire. En 1870, l'exportation du maïs s'est élevée à 1,392,115 boisseaux ; en 1880 à 98,169,877.

Ces chiffres ont été encore dépassés depuis lors. Si nous prenons la dernière situation connue, celle de 1888, année de la surface cultivée la plus considérable, nous constatons que le maïs américain couvrait une superficie supérieure à la moitié des autres céréales et représentait les trois quarts de tout le maïs récolté cette même année sur le globe entier : sa qualité dépassait la moyenne.

Quant à l'exportation de cette même année, la valeur totale du maïs sorti des États-Unis s'est élevée à 13,355,950 dollars, et celle de la farine à 765,036 dollars. Depuis 1880, pourtant, il y a eu ralentissement dans l'exportation, par suite de récoltes inférieures et de tarifs de transport trop onéreux : elle s'est abaissée à 55 millions de boisseaux. La consommation intérieure est considérable, comme alimentation de l'homme et du bétail : aussi les États-Unis ne livrent-ils à l'étranger que 3 pour 100 de leur production annuelle de maïs ; le reste est absorbé sur place.

Le fermier américain cultive plusieurs espèces de maïs, une entre autres sucrée, des plus agréables au goût, *sweet corn*, qu'on peut appeler maïs de table, véritable concurrent des meilleurs légumes et dont, à la dernière exposition universelle du Champ de Mars, ont été exhibés de nombreux spécimens, avec force réclames de la section américaine, qui fut d'ailleurs bien inférieure à sa devancière de 1878.

La proportion du maïs récolté en 1880 a été de 1,754 millions de boisseaux environ, sur 62,368,869 acres, contre près de 943 millions de toutes les autres céréales réunies, sur 56,262,054 acres.

L'exportation du blé, en 1880-81, s'est élevée à 186,321,514 boisseaux, blé et farine. La moyenne, depuis cette époque exceptionnelle, s'est abaissée à 121,300,638 boisseaux. La moyenne de blé produit a été de 13 boisseaux par acre cultivé, de 11 environ par habitant ; la moyenne de maïs, comme nous l'avons vu, s'élève à 35.

La diminution d'exportation de blé, durant les huit dernières années, s'explique facilement par la nouvelle concurrence des blés exportés des Indes, de la Colombie, et du Canada, dont l'excellent mode de culture a quintuplé la production, comparée à celle du *Far-West*.

Aussi, en ces dernières années, à raison du resserrement des débouchés comme par suite de l'excès de production, la situation du fermier américain est-elle devenue difficile. Car il s'en est suivi une dépréciation de prix considérable, quoique l'accroissement de la population américaine, depuis 1880, ait amené une augmentation de 70 millions de boisseaux dans les demandes du pays. En revanche, les demandes de l'étranger ont baissé de 65 millions de boisseaux annuellement. L'exportation du blé reste pourtant bien plus importante que celle du maïs, puisque, tandis que cette dernière n'est que de 3 pour 100, celle du froment s'élève à 34 pour 100.

Après l'énumération qui précède et qui atteste la puissance exportative des États-Unis, on ne peut s'empêcher de sourire à la lecture du nouveau tarif douanier que le comité *of Ways and Means* (voies et moyens) a imaginé de présenter ces derniers jours au Congrès. Ne s'est-il pas, en effet, avisé de proposer un relèvement de 3 pour 100 sur l'entrée aux États-Unis des grains provenant de l'extérieur ? Quels sont donc les armateurs ou négociants étrangers assez simples pour songer à importer des céréales dans un pays qui en regorge à ce point ? Cette démonstration platonique des membres républicains du comité n'a d'autre but que de jeter de la poudre aux yeux des cultivateurs, qui attendent de la législation quelque combinaison plus ingénieuse et plus efficace pour soulager leur misère actuelle.

Il n'y a qu'en matière d'orge que la production indigène ne suffit pas encore aux immenses besoins de la brasserie américaine. Celle-ci reçoit du Canada son complément annuel, pour lequel elle débourse 8 millions de dollars. L'orge du Canada est supérieure à toutes les autres provenances du même grain, pour la confection de la bière, qui est la boisson la plus répandue. Le droit d'entrée actuel sur le boisseau d'orge est de 10 *cents*. Le secrétaire Rusk, qui réclame, en faveur de ses agriculteurs, une protection égale à celle qui profite si bien à l'industrie, vient de proposer le relèvement du droit d'entrée sur l'orge à 30 cents. Cette théorie de l'égalité de traitement en faveur de la ferme comme en faveur de l'usine est inattaquable au point de vue américain, et les Européens feront sagement de prendre modèle sur le programme que formulait ces jours derniers M. Batcheller, le sous-secrétaire d'Etat au ministère du trésor : « Droits protectionnistes à outrance, c'est-à-dire prohibitifs, contre tous les similaires étrangers de ce que les États produisent ou peuvent produire : entrée libre pour tous les produits, venant de l'extérieur, qui nous font ou doivent toujours nous faire défaut. » Nos économistes, si intraitables sur les questions de principes, libre échange ou protection, peuvent méditer cette formule opportuniste, qui donne la ciel de toutes les résolutions du Congrès à l'égard du commerce et de l'industrie du vieux continent, et dont les républicains d'Amérique, on peut se le répéter, ne se laisseront détourner par aucune remontrance des chambres de commerce et des gouvernements étrangers. Les *congressmen* n'ont qu'un maître et obéissent servilement à tous ses caprices, sans nulle velléité de résistance : ce maître absolu est le suffrage universel. De plus, Jonathan se frotte d'autant plus les mains qu'il a conscience d'être ou désagréable, ou nuisible à l'étranger : c'est une vérité constante qu'on ne devrait point perdre de vue de ce côté-ci de l'Atlantique. On y gagnerait de devenir plus réservé dans l'aveu du dommage éprouvé et moins prompt à prêter le flanc à de nouvelles vexations économiques.

Passons au coton, l'article le plus important du commerce universel. Sur ce terrain, les États-Unis sont encore à la tête de la culture et du trafic. En effet, ce sont ses états du sud qui fournissent à tout l'hémisphère occidental 81 pour 100, et à l'Europe seule 66 pour 100 de la consommation totale de cet objet de première nécessité. Les exportations de coton brut s'élèvent, dans ce pays, à 42 pour 100 de tous les autres articles réunis.

La région cotonnière comprend les états situés le long des côtes de l'Océan-Atlantique : elle s'étend depuis le nord de la Caroline du Sud, tout le long du golfe du Mexique, pour remonter jusqu'en Arkansas, en Kentucky, au sud-est du Missouri et à l'est du territoire indien, dernières réserves des tribus, jadis maîtresses du sol et aujourd'hui décimées et refoulées, sans sécurité du lendemain, malgré tous les traités solennellement jurés.

Deux populations d'états se sont longtemps disputé la prédominance du marché cotonnier : celle du Mississipi et celle du Texas. Le Texas a fini par l'emporter. La Géorgie et l'Alabama, qui, jadis, étaient les reines de ce marché, avaient été peu à peu écrasées par la fécondité du sol vierge dont s'emparaient les jeunes états. A son tour, le Mississipi, vainqueur, s'est attardé aux pratiques routinières remontant au père Labat : aussi, malgré la richesse et l'aptitude exceptionnelle de ses terrains, il a dû céder le pas au Texas, dont, depuis vingt-cinq ans, la population n'a cessé de s'accroître. C'est dans ces régions, en attendant l'absorption de Saint-Domingue, au profit unique des gens de couleur, projetée par M. Blaine, que le gouvernement fédéral cherche à faire remonter, pour les fondre dans la masse des blancs, et comme colons, les noirs de la Nouvelle-Orléans, dont le nombre électoral et, les appétits commencent à devenir inquiétants.

Dans les vieux états, le sol est presque épuisé : les engrais artificiels y dévorent la plus grosse part des bénéfices : il faut y aviser à une autre espèce de culture.

Les chiffres de production ont établi sans conteste la supériorité du Texas, dont les plaines du comté de Brazas n'ont pas de rivales. Au recensement de 1880, le Mississipi tient encore la palme : il fait rendre 963,111 balles de coton à une superficie de 2,106,21 5 acres, alors que le Texas ne peut encore obtenir que 805,284 balles de 2,173,435 acres cultivés.

Mais arrive la récolte de 1887 : les rôles sont et resteront désormais renversés. Le Texas a augmenté comme par enchantement, culture et rendement : 801,570,286 livres de coton pour 3,960,324 acres en rapport. Les chiffres correspondants du Mississipi ne sont plus que

III. — PRODUITS AGRICOLES.

de 510,142,560 livres pour 2,548,674 acres.

L'ensemble de la production cotonnière générale des États-Unis a suivi la même marche ascendante. L'année 1879-80 a donné 5,755,359 balles ; en 1888-89, on recueille 6,938,920 balles. La production a doublé depuis trente ans : les demandes ont suivi du même pas. En effet, en 1866, à une consommation totale extérieure de 4,408,000 balles, les États-Unis n'avaient fourni qu'un contingent de 2,193,987 balles. En 1888, ils ont exporté 4,649,720 balles de coton à eux seuls. On ne peut que s'incliner devant une si prodigieuse exploitation.

Occupons-nous maintenant du sucre. La question sucrière, aux Etats-Unis, est aujourd'hui à l'état de problème à résoudre. Disons tout de suite que, pour cet objet de première nécessité, l'Union ne produit pas la quantité suffisante pour sa propre consommation ; qu'elle est même fortement tributaire de l'étranger, mais qu'elle lutte énergiquement pour s'en affranchir. Plus qu'à aucune autre époque, cette question est à l'ordre du jour dans les commissions du Congrès. Qui l'emportera ? le partisan de la libre entrée du sucre étranger, dans le seul intérêt du consommateur et du raffineur, ou celui du relèvement des tarifs de douanes, en vue de protéger et d'encourager l'industrie sucrière indigène ? La querelle est fort vive : tout le monde s'en mêle, députés et consommateurs, industriels et courtiers, producteurs et syndicats agricoles, chacun à son seul point de vue. De part et d'autre, les arguments, à coups de journaux et de brochures, se croisent et ne manquent pas de révélations piquantes sur la moralité des fortunes acquises. Toujours est-il qu'il se passera encore un certain temps avant que les planteurs américains puissent satisfaire aux besoins croissants de leurs compatriotes.

Néanmoins, ils s'ingénient fort, encouragés d'ailleurs par le trésor fédéral, à améliorer leur situation. Suivant la diversité des climats, ils traitent simultanément trois genres de plantes sucrières, la canne à sucre, la betterave et enfin le sorgho, qu'ils ont innové récemment, pour combattre la pénurie progressive de la canne. Nous passons sous silence un quatrième sucre, de petite culture, celui de la sève d'érable, dont l'emploi est limité aux confiseries et aux essences.

Le sucre de cannes est le doyen des sucres sur le territoire américain ; jadis, il était le vrai roi des états du sud, enrichissant tous ses sujets. A cette heure, il est détrôné. Il n'a su résister au coup que lui a porté l'émancipation des nègres, issue de la guerre de sécession. Malgré son accroissement notable dans ces parages, — accroissement qui n'est pas sans causer des inquiétudes économiques et politiques pour l'avenir, — la race de couleur a profité de sa liberté pour ne plus retourner aux champs de cannes. Le travail des blancs y reste insuffisant, paralysé qu'il est par les ardeurs du climat : de plus, il est fort coûteux comme main-d'œuvre. Joignez à cette première cause des pratiques routinières et arriérées ; un sol quelquefois peu propice, comme en Louisiane ; un climat fort incertain et parsemé de gelées précoces, sous l'influence du courant polaire ; enfin l'active concurrence des sucriers de l'Amérique centrale, des Indes occidentales et des îles du sud du Pacifique : les causes de la décadence de la canne sont toutes trouvées.

Les plantations de cannes ont leur siège principal dans la partie inférieure de la Louisiane. Quelques-unes prospèrent au Texas, où l'on sait utiliser les chutes d'eau, à bon marché, pour le roulage des moulins ; pays étrange où des rivières, toutes formées, sortent brusquement, bouillonnantes et parfois torrentielles, des entrailles de la terre, pour aller s'y engloutir aussi soudainement après un parcours de quelques lieues et ne plus jamais reparaître à la surface du sol. On retrouve d'assez nombreuses exploitations de cannes le long du golfe du Mexique, en Floride et au sud de la Géorgie. Mais c'est une culture qui, en général, diminue annuellement de superficie : elle se sent vaincue. Il suffit d'évoquer la récolte faite en Louisiane dans la saison de 1861-62. Ce fut, il est vrai, le point culminant de la production de cet état : celui-ci récolta 528,321,500 livres de sucre et 34,216,000 gallons de mélasse. C'était le beau temps, celui de la main-d'œuvre esclave et des grands prix du boucaut, alors que la betterave n'était encore qu'à son berceau, en Europe. Mais après la guerre de sécession, la première récolte, 1865-66, alors que le pays est épuisé et déserté par les bras, ne fournit plus que 19,900,000 livres de sucre et 1,128,000 gallons de mélasse. Enfin, vingt et un ans après, alors que le pays a eu tout le temps de se refaire, en 1887-88, la plus forte production depuis la guerre, malgré un matériel transformé, qui assure un rendement perfectionné de la matière saccharine extraite, ne parvient à donner que 353,855,877 livres de sucre et 21,980,241 gallons de mélasse.

Il ne faut donc pas s'étonner si l'esprit entreprenant de l'industrie américaine a cherché et trouvé bien vite un terroir propre à la culture de la betterave. C'est en basse Californie qu'il s'est arrêté. La grande usine d'Alverado y a déjà imprimé un développement considérable à la propagation de cette plante exotique, qui a parfaitement réussi dans sa croissance et dans son développement. Après plusieurs traitements, la richesse des jus a été reconnue. La période d'études touche à sa fin, et nul doute que les chimistes, expédiés depuis plusieurs mois d'Alverado en France pour y étudier les meilleurs procédés d'extraction et de turbinage, n'y rapportent bientôt la seule chose qui leur manque encore pour assurer le succès définitif de l'expérience tentée sur une très vaste échelle, le secret de la bonne fabrication.

L'importation de la betterave ne pouvait suffire à l'esprit innovateur de la race américaine, toujours aux aguets de la découverte, merveilleusement secondé d'ailleurs par les investigations et les expériences techniques du département de l'agriculture. On songea à inaugurer du même coup la culture du sorgho, plante originaire du bassin méditerranéen. L'état du Kansas et ses limitrophes avaient été essayés et reconnus comme favorables à cette tentative, aussi bien comme terroir que comme climat. La station expérimentale du Kansas en avait pris l'initiative. Grâce à une active propagande, qui se fit sentir jusque dans l'ouest, les industriels et les fermiers s'entendirent pour la construction d'usines et pour la culture du sorgho dans le rayon de ces nouveaux établissements. La première saison de rendement fut celle de 1888 : elle s'annonça sous de très favorables auspices, et, en effet, la production fut rémunératrice. Le comté de Bourbon, entre autres, qui fait partie du Kansas, avait consacré à la nouvelle culture 993 acres, dont 800 vinrent approvisionner les moulins de Fort-Scott. Une certaine partie de la récolte fut réservée à des expériences ; le surplus rendit 99,300 gallons de sirop et 400,000 livres de sucre, sans compter une quantité considérable de semences propres à la revente. Après tous les tâtonnements d'une première tentative, le bénéfice net s'est encore élevé à 16,000 dollars au profit des actionnaires de l'usine. Le début était d'autant plus encourageant pour les imitateurs que le Sénat venait de voter une prime de 2 cents pour chaque livre produite de sucre de sorgho. Il est vrai d'ajouter que, dans sa munificence, le Sénat a oublié de voter le crédit budgétaire correspondant et que les producteurs n'ont pas encore reçu satisfaction.

M. Rusk a voulu voir de ses propres yeux les progrès accomplis : le dernier automne de 1889, il se rendit au Kansas au moment du roulage. La saison avait été moins bonne, à raison de la qualité inférieure des jus. On avait péché par inexpérience : depuis lors, les usines de Fort-Scott ont formé des agronomes et ingénieurs experts, qui sont partis rayonner dans les fabriques de Conway-Springs, de Douglas, et de Topeka. La réussite cette fois a été complète, à ce point qu'on a entrepris une nouvelle et immense raffinerie centrale qui sera mise en train la saison prochaine. Voilà donc le sorgho acclimaté : c'est une ressource nouvelle pour le fermier de ces contrées et qui lui permettra de restreindre la culture excessive des céréales. En effet, le bon sorgho produit une moyenne de 12 tonnes par acre. L'usinier paie au planteur 2 dollars par tonne de sorgho amené au pied du moulin, soit 24 dollars par acre : produit bien supérieur à celui du blé ou du maïs. La tonne de sorgho rend en moyenne 51 livres de sucre, plus 14 gallons de mélasse, nouvelle source de recette. L'acre correspond donc à un rendement de 612 livres de sucre et de 168 gallons de mélasse.

Le centre méridional de l'Arkansas et le centre septentrional du territoire Indien (grande réserve de 64,000 milles carrés, deux fois égale à l'étendue du Portugal, où sont confinés par traités 50,000 Indiens, restes des Cherokees et autres tribus refoulées), son(aussi réputés des plus propices à la culture du sorgho. Nul doute qu'avant peu les États-Unis, où tout se pratique sur une grande échelle, arrivent à se suffire en denrée sucrière.

La grosse question à résoudre, et son importance peut être diminuée par le perfectionnement des machines, c'est le prix de la main-d'œuvre, trop élevé sur ces territoires nord éloignés des côtes. Le blanc s'y fait payer de 15 à 20 dollars par mois, nourri et logé, tandis que dans le sud, le noir ne reçoit du planteur que 10 dollars par mois : de plus, sa nourriture et son toit lui sont fournis à bien meilleur compte.

Le docteur Wiley, économiste américain, attaché au département d'agriculture et qui a fait des études remarquées sur la question sucrière, insiste énergiquement sur le rétablissement de forts droits imposés à l'entrée des sucres étrangers pour protéger le planteur américain, dont il prédit le succès s'il est encouragé : dans ces conditions, il affirme que 5 millions d'acres en culture suffiront pour parer à tous les besoins sucriers des États-Unis.

Le parti républicain paraît vouloir, sur ce chef, s'engager dans la voie contraire, et cette fois encore sacrifier de propos délibéré l'agriculteur à l'industriel. La raison en est que ce dernier, jusqu'ici, a libéralement contribué aux mises de fonds nécessaires à la campagne électorale. En effet, le représentant Mac-Kinley, qui a jeté récemment l'émoi parmi nos manufacturiers de Lyon, grâce à son nouveau mode de perception arbitraire sur l'entrée des soieries importées, vient de saisir le comité législatif des voies et moyens (commission du budget) d'un projet général de tarif douanier, révisé suivant les vues de son parti qui est la majorité. Or, ce projet opère une réduction de 30 millions de dollars sur les droits à payer par les sucres importés. Nous ne pouvons que nous en réjouir pour nos raffineurs.

D'après ce projet, qui soulève d'ailleurs des orages dans tous les camps où chacun aspirait à une victoire plus complète à son unique profit, détaxe complète ou tarif prohibitif, le droit actuel de 2 cents par livre de sucre importée aux États-Unis serait réduit à 1 cent par livre. L'Amérique du Nord est déjà, de tous les pays producteurs et consommateurs de sucre, celui dont le tarif d'entrée est notablement le moins élevé : car la moyenne en Europe est de h cents 1/2 par livre.

La moyenne actuelle du coût du sucre, importé annuellement dans l'Amérique du Nord, varie entre 72 et 83 millions de dollars, pour lesquels le consommateur américain paie en sus à son trésor comme droits de douane, et suivant les qualités, 55 millions de dollars. Après celle de l'Angleterre, la consommation sucrière la plus forte, par tête d'habitant, était celle des États-Unis jusqu'à l'année 1880.

Grande-Bretagne, 56 livres ; États-Unis, 34 ; Hollande, 21 ; France, 17 ; Allemagne, 13.

Depuis 1880, la consommation anglaise est montée à 64 livres ; celle des États-Unis à 52 livres par habitant. De 1870 à 1885, c'est pourtant la consommation allemande qui s'est proportionnellement le plus accrue : elle a augmenté de 105 pour 100. Comme correctif à la détaxe projetée du représentant Mac-Kinley, le sénateur Paddok, de l'État de Nébraska, préoccupé de ramener le vote des ruraux au parti républicain, a introduit le 22 mars dernier au Sénat, avec approbation du comité d'agriculture, un bill supplémentaire ayant pour but d'allouer un dollar de prime, à charge du trésor fédéral, à chaque tonne de sucre de betterave qui sera produite et manufacturée aux Etats-Unis, et cela jusqu'en décembre 1893 : de plus, libre entrée, en franchise de droits, pour toutes machines sucrières et graines de betteraves qui seront importées aux États-Unis jusqu'au 1er juillet 1893. Les primes allouées par le trésor seraient prélevées sur les recettes du cent payé par le sucre importé : telle est la dernière phase de la question sucrière au-delà de l'Atlantique.

La culture du lin et du chanvre, très circonscrite d'ailleurs dans quelques États, est encore dans l'enfance. Pour le premier textile, le fermier en brûle la tige et n'en récolte que la graine. Quant au chanvre, rouissage et battage sont des pratiques qui lui répugnent. Le *farmer* américain, qui rêve toujours grand, a horreur de cette petite culture qui ne trouve grâce que devant la fermière, quand elle sait filer.

Les plantations de tabac, dont la qualité reste encore inférieure, sauf en Virginie, viennent d'être aussi encouragées par la proposition faite au congrès de supprimer les droits intérieurs dont le planteur est frappé : ce sera une diminution de recettes de 12 millions de dollars pour l'Internal Revenue : les droits sur les tabacs étrangers seraient surélevés du même coup. Le législateur espère, par cette double mesure, stimuler le zèle des planteurs. Une grande société a acquis récemment de l'état de Floride 400,000 hectares de terrain marécageux qu'elle a assainis par un intelligent drainage, et où ses premiers essais dans la culture du tabac, comme du sucre et des légumes, ont donné d'excellents résultats. Le terrain a coûté 1 million de francs, et le drainage 5 millions de francs. L'acre, payé sur le pied d'un franc vingt centimes, a acquis une valeur qui varie de 5 à 40 dollars, grâce à la direction très intelligente de la maison

Hamilton Desston de Philadelphie, qui s'est mise à la tête de cette immense opération.

Restent les fruits. Malgré l'excellence du climat et du sol, la production en est presque nulle. Sauf chez quelques immigrants français et allemands, le jardinage est absolument délaissé. Les États-Unis reçoivent de la Californie, par la voie ferrée, certaines primeurs de table, et restent tributaires de l'étranger pour les oranges, les citrons et surtout les bananes, dont la consommation journalière est excessive chez les classes inférieures. L'importation annuelle des deux premiers fruits s'élève à 4,800,000 dollars : aussi les droits d'entrée vont-ils être relevés de ce chef de 25 cents à 30 cents par boîte, malgré les vives doléances que les importateurs de New-York et de Philadelphie viennent d'apporter à Washington contre le bill Mac-Kinley.

Cette branche agricole prend, en effet, un grand développement dans les États du Sud. Les plus grandes plantations sont de 250 acres. En moyenne, le nombre d'arbres par acre est de 70 : on trouve cependant les orangers sauvages jusqu'au nombre de 400 par acre. La dernière récolte y a été des plus satisfaisantes, et le prix est rémunérateur, malgré les frais causés par l'emballage et le fret intérieur et extérieur, qui coûtent environ 40 cents par boîte de 100 oranges. Le fret pour Liverpool est de 70 cents : le taux à l'intérieur, de la Floride à Jacksonville ou à Chicago, varie entre 20 cents et 70 cents par caisse. Ces arbres fruitiers ont deux ennemis acharnés : l'insecte à écailles, *scale insect*, et le pou d'écorce, *vark lice*, qu'on peut combattre efficacement par une émulsion de savon et d'huile de baleine. Le chiffre approximatif de la production générale se balance, dans les bonnes saisons, entre 2 millions et 2 millions et demi de caisses. Les fruits ordinaires importés aux États-Unis coûtent annuellement aux consommateurs 16 millions de dollars, grevés en sus de 5 millions de droits d'entrées.

Quant aux bananes, qui proviennent pour la plus grande part de la Colombie, et dont l'importation s'élève à la grosse somme de 3 millions de dollars, M. Rusk en réclame énergiquement, près du Congrès, une taxation fort élevée. « Plantons-en, ou n'en mangeons plus. » Telle est sa formule radicale. Il n'en est pas de même de la vigne qui, en ces derniers temps, a pris une très forte extension. Les vins de la Californie et de l'état de New-York sont déjà recherchés :

le vin de Champagne californien, mousseux et sucré, fait une certaine concurrence, eu égard à l'énorme différence de prix, à nos grandes importations de Reims. Sur quelques autres territoires on trouve encore des vignobles qui sont exploités surtout pour la table ou dont les crus ne résistent pas encore aux essais d'une fabrication défectueuse.

Nous terminerons cet aperçu par la pomme de terre : supérieure en volume à celle de France, mais d'une saveur inférieure, elle n'a pas de débouchés faciles, même à l'intérieur. Le transport vers des marchés presque toujours lointains des exploitations rurales, les prix excessifs qui la grèvent sur les voies ferrées, où les tarifs sont laissés à l'arbitraire des compagnies, l'immobilisent presque au lieu de production. Le relèvement de droits, projeté aussi sur les importations de cette plante farineuse, ne suffira pas à lui redonner un prix rémunérateur. En effet, pour peu qu'un fermier en produise plus que pour sa consommation personnelle, il court grand risque de ne pouvoir se débarrasser de l'excédent dans l'Ouest à aucun prix ; et, bien qu'il y ait sur l'article un droit de 15 cents par *bushel* à l'importation, il n'a pas même la chance de vendre ce prix à l'intérieur. On cite, comme exemple, un des plus gros fermiers de l'État de New-York, M. H. -G. Wheeler, qui, ayant planté au printemps dernier 100 *bushels* de pommes de terre et en ayant retiré une bonne récolte, a envoyé treize charges de wagon à Philadelphie, le chef-lieu classique du marché intérieur, et quand il a réglé avec ses commissionnaires transport, frais de manipulation, commission, etc., il s'est trouvé leur redevoir une balance de 100 dollars. Et ce n'est pas une exception ; il est souvent impossible aux fermiers de se débarrasser de leurs pommes de terre, ce qui n'empêche pas que les consommateurs, le gros du peuple, ne les paient très cher aux détaillants. Le *middleman* reste, en toute matière de transaction, le fléau rongeur du pays.

Enfin, nous ne dirons qu'un mot du domaine forestier des États-Unis, dont l'exploitation ou le gaspillage monte annuellement à près de 700 millions de dollars. C'est le cauchemar du département de l'agriculture qui, malgré tous ses efforts, se sent impuissant à le protéger. Une mesquine allocation de 10,000 dollars pour surveiller et administrer de pareilles immensités boisées, voilà tout ce qu'il reçoit du budget fédéral. De telle sorte que dans un pays où la nature a prodigué à foison toutes les plus riches essences, la dévastation, sous toutes ses formes, poursuit son œuvre destructrice, aussi bien sur les terres fédérales que sur les propriétés particulières. On allume une forêt pour se chauffer ; on abat un chêne centenaire pour extraire du tronc supérieur des planches, qu'on abandonne le lendemain à la pourriture, alors que le pionnier pousse en avant. De ce chef, la perte annuelle est évaluée à plus de 50 millions de dollars. Au point de vue climatologique et fluvial, comme pour les ressources futures du chauffage et de la construction, cette question du déboisement à outrance est une des plus graves, qui laisse pourtant les politiciens du Capitole fort indifférents. L'avenir se chargera de faire expier durement leur manque d'esprit de conservation.

IV. — FERMAGE ET ÉLEVAGE.

Ce tableau de la production agricole en l'Amérique du Nord resterait incomplet si nous ne faisions ressortir les produits complémentaires, ceux de la ferme et du bétail, qui doivent, dans toute exploitation rurale bien entendue, concourir à la prospérité du fermier. Nous voulons parler ici des produits courants de la campagne : lait, beurre, fromage, œufs et volailles, animaux domestiques et toisons, qui, selon le degré de l'intelligence et de l'activité déployées par la fermière, constituent, sur ce domaine intérieur dont elle est maîtresse, une force vive et continue de la colonisation. Pour le moment, nous nous bornerons à indiquer les chiffres de cette production générale, nous réservant de revenir plus loin et plus utilement sur les qualités ou les défauts du fermage américain. Ces chiffres, d'ailleurs, sont très importants.

Dès 1850, le nombre des vaches s'élevait sur tout le territoire fédéral, moins vaste qu'à cette heure, à 6 millions de têtes : en 1880, malgré les déprédations de la guerre de sécession qui avaient dévoré une partie du gros bétail, il s'était accru de moitié. Enfin, le dernier recensement de 1889 accusait 16 millions de vaches, y compris celles des villes.

La valeur numéraire de la vache laitière diffère, dans de grandes proportions, selon les différents états de l'Union. Ainsi, dans le

Colorado, pays de la « région aride, » le prix de cet animal s'élève en moyenne à 39 dollars 12 cents ; plus de 200 francs ; c'est le maximum de tous les États ; tandis que dans le Mississipi et l'Alabama, il s'abaisse à une moyenne de 15 dollars, soit 75 francs : c'est le minimum. La valeur correspondante de chaque tête, non laitière, de gros bétail dans ces états offre une moins-value fort sensible : dans le Colorado, en effet, la moyenne est de 24 dollars 36 cents ; dans ceux du Mississipi et de l'Alabama, elle ne dépasse pas 9 dollars 66 cents.

En ce qui touche la race chevaline, bêtes de trait ou de selle, la moyenne du prix d'un cheval varie entre le maximum de 94 dollars 30 cents, état du Mairie, et un minimum de 32 dollars 17 cents, état du Texas. On peut ajouter que la race américaine, qui mêle son sang surtout à celui de notre race normande et qui compte déjà à son actif les victoires multiples de son grand vainqueur *Foxhall*, possède des qualités exceptionnelles de grandes allures au trot.

Examinons maintenant ce que rapporte cet immense troupeau nourricier de vaches laitières aux Etats-Unis. Quant au lait, c'est inappréciable, par suite de l'incurie générale des éleveurs. La plupart des fermiers se contentent de la consommation journalière. Le reste de la production laitière, excepté autour des grands centres, reste souvent inutilisé, même pour l'engrais des animaux. Et encore auprès des villes, faute d'initiative et d'organisation, ce n'est pas le producteur qui en retire le véritable bénéfice. Ainsi, dans les rayons de New-York et Chicago, ce sont encore les *middlemen* (courtiers et intermédiaires), qui courent à l'aventure de ferme en ferme, sans clientèle déterminée, sans certitude de production journalière et qui ramassent le liquide qu'ils peuvent trouver. Ils paient à la fermière 3 cents par quart de gallon et le revendent de suite 8 cents à la consommation. Donc, l'écart très rémunérateur de 20 cents par gallon échappe ainsi au producteur, qui, faute d'aller en personne ou d'envoyer à la ville, se prive d'un bénéfice quotidien très important. Le gallon équivaut à quatre litres de notre mesure, et chaque vache fournit en moyenne de six à dix litres de fait par jour. Il faut reconnaître aussi, pour rester juste, que bien des exploitations rurales, par suite des grandes distances qui les séparent des marchés ou des clients, sont contraintes de se cantonner dans la fabrication du beurre et du fromage.

La moyenne du beurre fabriqué aux États-Unis, de 806,682,071 livres en 1880, s'est élevée l'an dernier à 1,300,000,000 de livres : nous disons beurre fabriqué. Car nulle part nous n'avons rencontré, comme en Normandie ou au fond de la Bretagne, une laiterie organisée suivant les règles voulues d'aération, d'isolement et de calorique. Par suite, faute de savoir traiter le lait, faute d'installations propices, de soins élémentaires et répétés, comme faute aussi dé propreté, le beurre américain reste-t-il très inférieur de qualité, de prix et de durée. Les conditions actuelles ne paraissent pas devoir se modifier de sitôt. Aussi, l'exportation demeure-t-elle minime et stationnaire : en 1888, elle n'atteint que le chiffre modeste de 1,884,908 dollars.

La fabrication du fromage apparaît plus prospère : elle réclame, il est vrai, moins de soins et de précautions. A cette dernière et même date, elle a représenté 400 millions de livres, dont une bonne partie a été livrée à l'étranger et a rapporté 8,736,304 dollars. Le gouvernement fédéral en encourage l'exportation, de même qu'il favorise l'importation des œufs, en sus du développement de la volaille dont le produit de 1888 a été porté à environ 200 millions de dollars : revenu énorme, qui tend encore à grossir, grâce à la dernière importation d'œufs, qui s'est faite en 1889, de 16 millions de douzaines au prix de 15 cents la douzaine. Sous l'impulsion du département de l'agriculture et de ses annexes excentriques, il faut constater qu'une amélioration considérable a été apportée, dans cette branche, aux procédés d'alimentation et d'élevage des volatiles. Disons toutefois que nos poulardes du Mans et nos poulets de grains sont encore loin d'être égalés par leurs similaires de Philadelphie. La science culinaire du Nouveau-Monde laisse encore fort à désirer pour les gourmets, en dépit même de la renommée de leur plat aussi favori que coûteux, la *terrapine* (petite tortue de terre dont les filets et les pattes, seuls, sont accommodés à une sauce blanche).

Pour clore l'énoncé de toutes les ressources agricoles du pays le plus favorisé par la diversité des climats et des altitudes, nous avons réservé le produit animal qui joue un double rôle, l'un des non moins importants, dans l'alimentation et l'industrie des hommes. Il ne s'agit pas du porc qui a été l'une des principales sources de richesses pour le producteur et l'industriel américains ; il a eu ses beaux jours, et Chicago entre autres, le siège de la future exposition internationale de 1892-1893 au-delà de l'Atlantique, lui doit, comme l'état entier de l'Illinois, splendeur et fortune. Il suffirait de citer la maison Amour, une des gloires de l'heureuse rivale de New-York, qui traitait jadis 10,000 porcs par jour. Celle-ci est restée solide et debout : mais combien d'autres établissements similaires ont succombé, depuis que la France a eu la prévoyance égoïste de fermer ses frontières à l'entrée licite des salaisons américaines ! Ce fut une très large blessure faite à sa bourse et à son amour-propre que Jonathan ne nous pardonne pas, et qui donne la clé de bien des vexations infligées depuis lors au commerce étranger.

On ne peut s'étonner que les États-Unis, qui n'ont voulu se lier par aucun traité de commerce à aucune nation [6], se donnent parfois le plaisir de relever brusquement et à leur seul gré, les tarifs de douane, pour essayer de rendre la pareille à leurs voisins d'outremer qui ont édicté des mesures prohibitives. Ils y cherchent, d'ailleurs, et y trouvent souvent de nouveaux profits. Quant à la question d'amour-propre, elle a été réglée à leur satisfaction, disent aujourd'hui les Yankees avec assez de malice, lors de la dernière exposition universelle de Paris. Il est assez piquant en effet de rappeler que les mêmes viandes porcines, bannies de la consommation française pour cause d'insalubrité, ont été primées au Champ de Mars, en 1889, par la grande commission des récompenses. Le Yankee, non sans raison, estime et dit que les Européens manquent un peu de logique ou de franchise.

Pour revenir à l'animal domestique, dont nous voulions parler plus haut, nommons le mouton dont la chair et la toison, soit comme quantité, soit comme qualité, ont subi depuis trente années de grandes variations dans l'Amérique du Nord.

Nul pays ne s'annonce et n'est, en réalité, plus favorable à l'élevage et au développement de la race ovine. La grande propriété assure, en effet, aux troupeaux des parcours étendus, où le pâturage naturel abonde. L'herbe y est fort nutritive. Là où elle faisait défaut, par manque d'irrigations ou d'humidité suffisante, le département de l'agriculture, qui poursuit sans relâche et avec succès ses expériences de sélections herbagères, a su acclimater des espèces nouvelles : ainsi du *blue grass*, foin très savoureux, originaire du

Kentucky, auquel la race chevaline de cet état doit sa renommée, qui a été implanté et s'est très rapidement propagé dans les états voisins de l'Indiana, de l'Illinois et du Missouri.

Après la guerre de sécession, la branche de la production ovine s'était développée à l'envi. Tout concourait alors à la prospérité de l'éleveur. Les réquisitions dévorantes des armées avaient raréfié le mouton comme toutes les autres denrées comestibles. La prime sur l'or doublait le bénéfice du vendeur. De plus, un tarit de douanes ultra-protectionniste, édicté en 1867 et maintenu jusqu'en 1883, stimulait à l'excès les efforts du propriétaire terrien, et la consommation, doublant par suite de l'invasion croissante des immigrants, progressait du même pas que la production. On peut se faire une idée de ces progrès par les chiffres, pris au hasard, qui suivent. En 1875, les abattoirs de Chicago et Saint-Louis n'avaient reçu que 544,627 moutons : neuf années plus tard, les entrées sur les mêmes marchés accusaient une vente de 1,971,683 têtes. Durant la même période, la ville de New-York enregistrait aussi une augmentation d'entrées dépassant 750,000 têtes.

Le commerce des laines, ce gros appoint du rendement agricole, n'était pas moins florissant. Grâce à la protection presque prohibitive qui défendait les laines crues indigènes contre toutes provenances étrangères, on voyait la production ovine quadrupler. En outre, le poids moyen des toisons doublait à la suite de croisements bien compris et sous l'influence d'une alimentation de choix. Le résultat financier se chiffrait par une recette annuelle de 300 millions de dollars. On peut dire que ce fut l'époque où l'agriculture américaine, débordant sur les nouvelles terres vierges ouvertes dans le *Far-West* à la colonisation et décuplant ses forces à l'aide d'outillages mécaniques et perfectionnés, atteignit l'apogée de sa prospérité.

A cet âge d'or, qui ne pouvait durer, d'ailleurs, les conditions économiques du pays s'étant transformées depuis la pacification, succédèrent les années maigres de l'Histoire sainte. Des 1883, sous la présidence du nouvel élu M. Arthur, la face des choses changea brusquement. La lutte, qui s'accentue aujourd'hui, s'engageait déjà entre l'agriculture et l'industrie américaines. Cette dernière, pour prix de ses services et de ses subsides électoraux, réclamait impérieusement la cessation du régime prohibitif imposé aux laines brutes de provenance étrangère, qui la laissait à la merci du fermier indigène, devenu excessif dans ses prétentions de vendeur. L'industriel l'emporta sur l'agriculteur sacrifié aux exigences de la politique. Les droits d'entrée lurent notablement abaissés sur les laines brutes et rehaussés sur les laines manufacturées. Les rôles étaient désormais renversés : la matière première était primée par l'objet manufacturé.

Les effets du nouveau tarif ne tardèrent pas à se faire sentir. Les moutons et brebis de la République argentine et de l'Australie, trouvant la porte presque ouverte, envahirent rapidement les marchés des États-Unis, dont les éleveurs, surpris et déconcertés, se laissèrent aller à un prompt découragement. Le chiffre des bêtes à laine diminua du coup de 7 millions de têtes. L'importation des laines étrangères, qui ne s'était élevée qu'à 78,350,651 livres en 1884, passait progressivement à 12tf,487,729 livres en 1888. Du 1er janvier au 1er octobre 1889, elle atteignait 98 millions de livres payées 14,700,000 dollars, alors que l'époque correspondante de 1888 n'avait accusé que 74 millions de livres d'une valeur ensemble de 9,900,000 dollars.

Grâce au nouveau tarif qui surélevait bien vite les prétentions du manufacturier américain, le fermier allait s'appauvrir doublement : déjà il vendait moins cher ses produits ; il allait encore payer plus cher les objets de première nécessité. L'industriel des villes s'enrichissait aux dépens des populations rurales ; en même temps, il redoublait d'énergie contre la concurrence de ses rivaux d'Europe et non sans succès. Resté jusqu'ici leur inférieur dans la fabrication des draps Casimir, devenu presque leur égal dans celle des tapis à bon marché, il est déjà très résistant sur le terrain de la bonneterie. Les métiers à carder, dont on ne comptait que 7,749 en 1888, se chiffrent aujourd'hui par 7,915. Dix-huit des états ont concouru à cette progression des métiers, outillés d'après les derniers perfectionnements. Bien des manufacturiers, qui s'étaient vus à la veille de déposer leur bilan, sont rentrés en lice et ont repris la lutte. A cette heure, l'industriel tient le haut du pavé et se considère comme le grand maître électoral. Reste à savoir si le nouveau tarif douanier, rapporté par le député Mac-Kinley, ne modifiera pas sensiblement les conditions de cette lutte, tant entre l'industrie nationale et celle de l'étranger, qu'entre le producteur et le fabricant américains.

La prohibition actuelle sur les tissus-laine extérieurs varie entre 65 et 70 pour 100 *ad valorem*, suivant les espèces et les qualités : sur les laines brutes, déchets *ring waste* ou corons, elle varie entre 22 et 30 pour 100. En tout état de cause, vu les doléances croissantes de la campagne qui a pris une attitude offensive en vue des élections législatives fixées au mois de novembre prochain, des relèvements de droits sur ces matières premières sont à prévoir, à moins que le bill Mac-Kinley, qui ne satisfait aucun parti malgré ses remaniements répétés, n'échoue en dernier lieu devant le sénat ou ne soit renvoyé aux calendes.

La moyenne du coût d'un mouton, dans les 42 états, est de 2 dollars 21 cents : le maximum atteint 4 dollars dans le New-Jersey, et le minimum fléchit à 1 dollar 64 cents dans le Tennessee. Le premier de ces deux états, qui confine à la ville de New-York, est le plus gros acheteur, en vue de la consommation prodigieuse de sa voisine qui compte avec Brooklyn 2 millions de bouches.

Cette longue statistique, aride mais instructive, nécessaire d'ailleurs pour l'explication du phénomène économique que nous allons aborder, peut se résumer en une phrase concise. Superficie de culture, quantité des produits agricoles, nombre des immigrants, machines perfectionnées, routes et voies ferrées, moyens de transports et de locomotion, tout cet ensemble qui se tient étroitement, a progressé à l'unisson et dans des proportions considérables, depuis vingt-cinq années, sur ce merveilleux sol des États-Unis. La conclusion logique de cette formule générale est que le fermier américain, propriétaire ou cultivateur de la terre, a dû conquérir l'aisance et doit en jouir présentement : il a même pu thésauriser.

C'est ce que nous allons contredire, non pas d'après des aperçus spécieux, mais documents officiels en main. Le fermier américain touche à sa ruine.

V. — AVILISSEMENT DE LA TERRE ET DE SES PRODUITS.

Des discussions législatives, des comptes-rendus du trésor, des statistiques des départements du commerce et de l'agriculture, des documents particuliers [7], il ressort déjà clairement que depuis vingt-cinq années, le bénéfice du fermier a été en diminuant ; que le revenu moyen de la culture s'est abaissé de 10 pour 100 au-dessous de 3 pour 100. Les causes de cet avilissement sont nombreuses et complexes ; nous allons les énumérer et les toucher du doigt.

Consultons entre autres, tout d'abord, les registres du conseil d'agriculture de l'Illinois, celui des 42 états où la récolte du maïs atteint le chiffre le plus élevé : prenons la période la plus récente connue ; celle qui va de 1882 à 1886. Or, malgré l'intensité du rendement agricole, l'état de l'Illinois, par suite de la dépréciation constante des produits et de l'augmentation soutenue du taux de l'intérêt de l'argent confié à la terre, a perdu en 1882 : 1,273,571 dollars, en 1883 : 8,621,440, en 1884 : 11,780,557, en 1885 : 10,331,701, en 1886 : 19,870,259. La perte totale pour ces cinq années s'est donc chiffrée par une perte sèche de 52,377,528 dollars.

Et pourtant, si nous nous arrêtons à l'année 1884, qui a donné une perte de près de 12 millions de dollars, nous constatons que l'Illinois, en cette même année, a vendu des bœufs pour une somme de 32,251,145 dollars ; des porcs, pour une somme de 24,886,854 dollars ; et du blé, en excédent de sa propre consommation et des réserves gardées pour semailles, pour une somme de 13,199,522 dollars. C'est qu'en effet, après la période de surenchérissement provoquée par la guerre civile, et que le fermier imprévoyant a jugée devoir être éternelle, l'avilissement des denrées a pris des proportions extraordinaires.

Après la guerre, le boisseau de blé se vendait de 1 dollar à 1 dollar 40 cents : à cette heure, il se vend de 35 à 65 cents : quelles ont été les conséquences de cette dépréciation !

En 1867, 32,520,249 acres cultives en froment avaient produit 768,320,000, boisseaux de blé qui s'étaient vendus 610,948,390 dollars.

En 1888, 75,672,763 acres de même culture ont produit 1,987,790,000 boisseaux, dont le prix de vente ne s'est élevé qu'à 677,561,580 dollars. La perte a donc été sur le cours de 1867 de 1,310,228,420 dollars, puisque les fermiers, sur la moyenne de 1 dollar au boisseau, auraient dû recevoir 1,987,790,000 dollars.

Poursuivons la démonstration. En 1866, en échange de 1 dollar, on achetait 53 livres de maïs, 33 livres de blé, ou 2 livres 1/2 de coton. En 1878, pour le même prix, on pouvait se procurer couramment 93 livres de maïs, 50 livres de blé ou 9 livres de coton. Cet avilissement persiste aujourd'hui, en s'aggravant sur certains points.

En 1865 et 1866, les emprunts hypothécaires, amenés par les excès de la guerre, se contractaient au taux moyen de 10 pour 100, correspondant au taux égal et moyen du revenu foncier. A l'heure où nous écrivons, il faut plus du triple de travail qu'en 1865, pour se libérer de l'intérêt hypothécaire à payer au prêteur, puisque le revenu moyen de la terre s'élève à peine à 3 pour 100. Arrêtons-nous encore aux produits généraux de 1880 : ils accusèrent une moins-value de 320,000,000 dollars sur ceux de 1860, quoique l'exploitation rurale, à la plus récente de ces deux dates, se fût étendue sur 1 million d'acres en plus. Si nous consultons enfin la récolte de blé de 1884, nous constatons que la surface cultivée de cette sorte de grains s'élevait à 3 millions d'acres de plus qu'en 1883 ; qu'elle a produit un rendement supérieur de 93 millions de boisseaux ; et que pourtant l'exercice agricole s'est liquidé par 53 millions de dollars de recettes en moins.

De tous ces chiffres officiels, il apparaît nettement que la surface cultivée s'est largement accrue, que la somme de travail produit s'est augmentée proportionnellement au nombre croissant des nouveaux immigrants ; mais que, en revanche, le prix de vente des produits agricoles a diminué en raison inverse de leur développement. A quoi attribuer cette dépréciation inquiétante et continue ? Pour la majeure partie, à un excès de production. Le fermier américain, grisé par le succès des seize années durant lesquelles il avait écrasé les marchés d'Europe sous le poids de ses exportations rémunératrices, a perdu de vue les concurrents qui se levaient dans l'Amérique du Sud, comme aux Indes, pour lui disputer sa clientèle : en outre, il s'est imaginé les besoins de cette clientèle insatiables. La loi brutale de l'offre et de la demande l'a rappelé aujourd'hui à la réalité ; mais sa situation s'est doublement aggravée. S'il vend bon marché, nous l'avons dit, il achète très cher. Les tarifs ultra-protectionnistes imposés au congrès par les industriels de l'Ouest, et à leur profit, pèsent bien lourdement sur le fermier. Machines aratoires, indispensables pour suppléer au manque de bras, outils agricoles, vêtements, cuir, enfin tout objet manufacturé est taxé de 30 à 45 pour 100 *ad valorem*. Depuis 1883, la taxe s'est retournée contre les campagnes.

La conséquence de ce régime est facile à deviner. Dès 1886, la dette hypothécaire des États-Unis s'est brusquement élevée jusqu'à 14 milliards de francs : depuis lors, la situation n'a fait qu'empirer par l'accumulation des intérêts en retard. Ceci explique fort bien comment l'énorme dette fédérale, issue de la guerre, a pu s'amortir avec une rapidité qui a provoqué l'admiration et l'envie de l'Europe : mais sous les fleurs, on retrouve l'aspic. Le *trésor* publie chaque jour le chiffre officiel des recettes fédérales sous la double rubrique, douanes, *customs* et revenus intérieurs, *internal revenue*. Or la moyenne journalière des revenus intérieurs dépasse 2 millions 500,000 francs, montant des taxes foncières et autres. Aussi, les exercices budgétaires se soldent-ils depuis plusieurs années par des excédents de numéraire en caisse variant de 90 à 110 millions de dollars. La dette chirographaire, par des rachats continus du trésor, a baissé et s'est réduite presque à rien ; mais la dette hypothécaire a monté, et cela, dans des proportions qui constituent aujourd'hui un véritable danger public, dont nous verrons tout à l'heure l'imminence et la gravité. C'est, en fin de compte, la terre qui a fait les frais de cette brillante opération. Ce sont surtout les anciens états qui ont vu changer et empirer les conditions de la propriété foncière.

Dans ceux du Kansas, de Nébraska, du Wisconsin et du Michigan, on compte à cette heure les trois quarts des fermes hypothéquées. Dans le Texas, l'intérêt hypothécaire varie de 15 à 25 pour 100, pendant que le prix des marchandises, avancées contre récoltes par des traitants aux fermiers, s'est élevé de 25 à 50 pour 100, suivant le degré de confiance inspirée par l'acquéreur au vendeur. Dans le Kansas, nous révèle le dernier rapport de l'*Association fermière*, 18,000 fermes sont menacées d'éviction très prochaine, si on ne vient à leur prompt secours. Dans le plus riche comté du Michigan, les shérifs procèdent à une expropriation par jour.

Avant la guerre civile, presque tous les fermiers des États-Unis étaient les vrais propriétaires du sol qu'ils faisaient valoir. En 1889, plus d'un quart des fermes est loué, soit à moitié, soit à bail. Sur 4,008,907 domaines agricoles, le fermier, propriétaire du sol, en tient 74.5 pour 100, le fermier à bail 8 pour 100, et le fermier partageant les produits avec le propriétaire de la terre 17.5 pour 100. En Alabama, Géorgie, Delaware, Mississipi et dans la Caroline du Sud, le fermier propriétaire ne compte plus que pour 56 à 49 pour 100. Le sud est moins grevé, foncièrement, que le nord-ouest : mais le prix des denrées alimentaires a tellement renchéri, sous la pression usuraire des syndicats et des magasins de traitants, que le travail rural reste en perte et se voit forcé de demander crédit ; et à quelles conditions finales ? Ainsi en 1885, dans la Caroline du Sud, la récolte totale, qui devait se chiffrer par un produit net de 32,971,280 dollars, avant même le commencement de la campagne agricole, avait été aliénée par anticipation pour 8,500,000 dollars, soit un quart, contre avances de marchandises surfaites et souvent de qualité avariée.

Il est juste de dire que les impôts ont été abaissés depuis les victoires du nord sur les sudistes. En 1866, chaque individu payait une capitation moyenne de 50 dollars, qui depuis ont été réduits à 25. Mais, pour acquitter ces 25 dollars, le cultivateur doit produire aujourd'hui 300 livres de coton, ou 33 boisseaux de blé, ou 75 boisseaux de maïs, alors que jadis ces mêmes denrées suffisaient à payer, et au-delà, la capitation de 50 dollars.

La pléthore de production, les tarifs ultra-protectionnistes, l'intérêt usuraire, la cherté de la main-d'œuvre, la dépréciation de la denrée agricole, l'exploitation du fermier par le négoce ne sont pas les seules causes de la grande détresse actuelle de l'agriculture américaine. Celles-ci sont générales. Il en existe d'autres, de caractère purement local, qui viennent encore déprimer la fortune agricole.

D'abord, dans plusieurs états, la petite propriété a été dévorée par la concurrence insoutenable des *wheat et bonanza farms* [8], vastes associations rurales, formées par des syndicats anglais ou des actionnaires américains qui, à l'exemple de nos grands magasins le Louvre et le Bon Marché, ont accaparé la production et la vente, opérant à leur gré dans un vaste rayon une baisse et une hausse fictives sur les denrées agricoles. Le modeste fermier n'a pu résister à cette spéculation entreprise à ses dépens : de plus, comment supporter des frais généraux, lorsqu'il s'agit d'une culture sur une petite échelle, avec la même aisance que ces grandes entreprises dont le voisinage est toujours absorbant ?

D'autre part, les agriculteurs de l'ouest-américain ont fini par s'apercevoir que les faits l'emportent sur les théories ; que la protection à outrance, se retournant désormais contre eux-mêmes, engendrait des conséquences imprévues.

C'est ainsi que tout l'hiver dernier, les fermiers de l'Iowa, du Nébraska, du Kansas et des deux Dakotas ont brûlé leur maïs pour se chauffer, parce que le charbon et le bois, mis par la protection à l'abri de la concurrence étrangère, leur coûtent trop cher, et que d'un autre côté, le prix de revient du même maïs, enflé par le prix de main-d'œuvre et par d'autres causes procédant du même principe économique, en entrave l'exportation.

Outre les fermiers qui ont brûlé leur maïs, certains autres n'ont même pas pris la peine de le rentrer, et l'ont laissé pourrir sur le sol, vu l'excessive distance des marchés et le manque de communications [9]. Il ne suffit pas, en effet, de lancer une locomotive à travers un territoire nouvellement ouvert à la colonisation : il faut encore rattacher la voie ferrée par d'autres artères à la circulation générale. Ainsi le blé de certaines régions du *Far West* rapporte à peu près 15 cents le boisseau, rendu à Chicago ou à Saint-Louis, après que le producteur a dû payer le transport souvent à des centaines de milles, sans compter les faux frais. Arriver jusqu'aux ports de l'Atlantique, il n'y faut pas songer. La même difficulté s'oppose trop souvent au transport des bestiaux. C'est cet état de choses, résultant de l'arbitraire des compagnies en matière de tarifs, qui a inspiré aux producteurs des rives américaines du Pacifique un regret profond de l'avortement de l'entreprise du canal de Panama. Car, d'après calculs faits, en empruntant cette voie maritime, le blé devait venir de Francisco à New-York, à des conditions de transport assez favorables pour lui permettre de lutter avec le froment descendu directement de Chicago, à ce dernier port d'embarquement à destination d'Europe, par les voies ferrées. De Saint-Louis qui est plus voisin de l'Atlantique, à New-York, le transport d'un boisseau de blé est grevé de 30 cents, et la mercuriale de New-York indique que le boisseau de blé, rendu sur ce marché, ne se vend que 90 à 95 cents. A un semblable prix, aussi bas, le boisseau de pommes de terre qui se débite à 20 cents est encore plus rémunérateur pour le producteur.

Dans l'espèce, on peut affirmer que les tarifs des lignes de fer restent inabordables pour une grande partie des nouveaux états ou territoires. Dans les vieux états, à la concurrence écrasante des *wheat* et *bonanza farms* vient s'ajouter le monopole des compagnies de chemins de fer qui, selon l'abondance de chaque récolte et de chaque espèce, peuvent relever ou abaisser subitement, du jour au lendemain, en vertu de leur seul caprice et de leur unique intérêt, les tarifs de transport. Ces compagnies, imprudemment concédées sans l'obligation au début d'aucun cahier de charges, sont restées les maîtresses de la fortune publique. Grâce à ces procédés de rançonnement peu scrupuleux, on s'explique aisément l'origine suspecte des richesses des rois de l'argent, *money-kings*, et les colères qui fermentent aujourd'hui au sein des classes appauvries. Le scandale est devenu si intense qu'il est fort question de faire nommer trois commissaires fédéraux, auprès de chaque compagnie, dont le *veto* pourrait entraver des procédés aussi exorbitants. Mais il y a loin de la coupe aux lèvres. Chaque état est maître chez lui sur ce terrain ; et encore lesdits commissaires, à voir les monstruosités administratives et judiciaires dont la presse retentit chaque jour, tarderaient-ils longtemps à devenir les complices des *trust* à monopoles contre lesquels tout le monde crie, et dont tout le monde veut faire partie ! La morale américaine réconcilie avec la vieille Europe. Nous sommes loin du temps des puritains qui ont fondé la grande démocratie : ces derniers auraient peine à reconnaître l'édifice sorti de leurs mains, et trop facilement proposé comme un modèle idéal à l'ancien continent, si disposé à accepter les yeux fermés, comme formule politique, tout ce qui vient de la patrie de Washington. C'est que cette grande ombre ne suffit plus à voiler les fissures creusées par un siècle d'immigrations cosmopolites et d'extensions démesurées, sans parler du ravage causé par le fléau toujours croissant des *lobystes* et des politiciens.

VI. — DÉTRESSE DES FERMIERS.

Ce n'est pas uniquement sur le terrain de la morale pure que la race latine peut lutter avantageusement avec les Anglo-Saxons. L'ancien continent peut encore opposer, avec fierté et à bon droit, ses travailleurs de la terre à ceux du Nouveau-Monde, si bien servi qu'il soit par sa fécondité exceptionnelle. Pour ne parler que de la France, quelle différence, pour ce qui regarde la constitution et la solidité de la propriété foncière, quelle différence entre le sol façonné par le long labeur de nos pères, fatigué par les générations, mais resté tutélaire pour leurs enfants, et ces terres presque vierges, qui se sont données au premier occupant et qui ne peuvent déjà plus nourrir leurs maîtres d'un jour ! Ce n'est pas trop s'avancer, que de dire que les souffrances de l'agriculture se font sentir sur presque toute la surface civilisée du globe, par suite des brusques révolutions économiques. Mais quelle diversité, en France et aux États-Unis, entre les causes et les effets !

Chez nous, la propriété foncière, en même temps que notre unité nationale, s'est martelée et amalgamée lentement sous le pas pesant d'une série ininterrompue de cultivateurs français ; elle a prospéré grâce à l'épargne continue du seigneur ou du paysan, devenu propriétaire à son tour. La révolution de 1789, en donnant à chacun place égale au soleil, on proportion de son travail et de son mérite, a eu pour effet de substituer la petite propriété à la féodalité terrienne. Il en est sorti la patrie avec ses liens et ses droits, la famille rurale avec l'autorité nécessaire du chef de famille, enfin des mœurs nouvelles dont, quoi qu'en aient écrit certains réalistes, la religion fait du même coup la sociabilité et la force. Sous cette double influence, la condition de la femme s'est relevée, et la paysanne française s'est peu à peu transformée en bonne ménagère, sachant mettre en valeur toutes les forces perdues, ou ignorées jusqu'à son avènement, de toute exploitation rurale. C'est elle à cette heure qui est devenue la prévoyance, la gaîté et le porte-respect du foyer domestique dans nos campagnes.

Arthur Young, observateur perspicace et consciencieux du dernier siècle, retraçait de 1787 à 1789 ses voyages en France : « Personne, écrivait-il, ne peut imaginer ce que devient la paysanne française sous la pauvreté qui l'écrase. On voit des « choses » qui s'appellent des femmes, mais qui ne sont que des spectres vivants. Les femmes et les filles aux champs, les laboureurs à la charrue n'ont même pas de sabots. C'est une misère qui atteint les racines de la prospérité nationale. Cela rappelle la misère de l'Irlande. Les habitations du pauvre peuple de Bretagne ne sont que des tas de boue. Il n'y a point de vitres aux fenêtres, comme presque partout en France : à peine un soupçon de lumière. Un tiers de cette province est inculte, et le tout misérable. »

Mais voici une autre voyageuse, aussi de nationalité anglaise, écrivain apprécié, miss Betham Edwards, qui, cent ans après, écrit d'Angleterre après son voyage en France à l'occasion de la dernière Exposition.

« Un siècle s'est écoulé depuis la visite d'Arthur Young. Où il n'a vu que de misérables paysannes, les filles de fermiers ont aujourd'hui des dots à faire envie. Le désert s'est changé en terre promise… L'indomptable persévérance de la race rurale, qui a métamorphosé le sol de la France, a permis à cette nation de supporter des désastres écrasants, de réparer des pertes sous lesquelles une autre race aurait succombé… Si la France est forte, le secret de sa force est dans la merveilleuse industrie et dans l'activité de ses populations rurales. »

Peut-on faire le même éloge de la famille rurale américaine ? Nous ne le pensons pas. Tout d'abord, cette propriété foncière, créée si laborieusement et de si longue main en France, a été pour la majeure partie improvisée aux États-Unis, presque bâclée : qu'on nous pardonne cette expression ; de plus, elle succombe sous un vice originel, la dette hypothécaire qui, comme nous l'avons indiqué plus haut, dépasse aujourd'hui 15 milliards de francs. La propriété foncière, née d'hier de l'autre côté de l'Atlantique, soit par l'occupation violente à ses débuts, soit par les concessions gratuites des *homestead* (lot de 65 hectares, de terres publiques, accordé à tout citoyen américain qui le réclame et dont la propriété lui reste définitivement acquise, après cinq années de culture permanente et d'habitation), soit enfin par voie d'achat, s'est vue presque partout grevée dès l'origine, souvent au-dessus de sa valeur réelle par le premier occupant ou par le colon acquéreur, arrivé sans ressources et déjà besogneux. Chez nous, l'hypothèque est à l'état exceptionnel : aux États-Unis, elle est presque la règle générale. Le paysan français épargne, franc par franc, en vue d'acquérir la terre qu'il aime passionnément : le colon américain n'achète la terre que comme instrument de spéculation, pour la pressurer à la hâte et en extraire le dollar qui lui permette de courir à de nouvelles aventures. Ce dernier ne tient guère au sol : il ne comprend pas la puissance et la poésie de la terre paternelle. L'émigration lui a fait perdre la notion du foyer domestique : il n'a plus la même conception du mot *patrie*, que les vrais fondateurs de la république, ces austères presbytériens dont les familles et les vertus tendent à disparaître. Poussé par son caprice ou son intérêt, il n'hésite guère à abandonner sa commune adoptive, l'état où il réside, pour aller chercher meilleur sort dans un autre état, quittant ainsi son toit, sans se retourner en arrière pour lui jeter un dernier regard d'adieu ou de regret. Cosmopolite d'origine, il reste tel ; il vit toujours à l'état de campement provisoire.

Il faut aussi assister à ces immenses exodes, bien faits pour combler de surprise tout Européen, et qui deux fois en 1889 ont offert aux États-Unis le spectacle d'une population entière, implantée en quelques heures, en quelques minutes sur un territoire vierge, « comme si une pluie humaine y était soudainement tombée [10]. »

On peut en croire ces notes de voyage, tracées par un spectateur oculaire de cette scène inoubliable. On venait d'annoncer que le président Harrison avait signé la proclamation ouvrant à la colonisation les terres comprises entre les rivières Missouri, Grand et Cheyenne, et détachées de la réserve des Indiens Sioux, dans le Dakota du Sud, en vertu d'un traité « conclu » entre ces Indiens et le gouvernement des Etats-Unis. La proclamation était à peine signée, qu'à cinq cents lieues de la Maison-Blanche, le canon donnait le signal de l'invasion sur deux points : à Pierre au nord et à Chamberlain au sud, le gouvernement avait établi des bureaux pour l'enregistrement des premiers occupants, devenus par cette prise de possession propriétaires des lots de terrain sur lesquels ils allaient planter leurs piquets.

La rive droite du Missouri, descendant du nord au sud et bordant la réserve à l'est, était occupée par une haie de soldats de l'armée régulière et d'Indiens auxiliaires veillant à ce que personne ne franchît la rivière, en ce moment glacée. Sur la rive gauche étaient entassés des milliers de nomades attendant depuis plusieurs jours, depuis plusieurs semaines même, l'ouverture de la terre promise. Le nombre s'en accroissait d'heure en heure. Cette foule se pressait, sans désordre cependant, et avec une certaine discipline imposée par des *marshalls* ayant sous leurs ordres des *policemen* indiens, au milieu d'un entassement de chevaux, de mules, de bétail, de chariots chargés de tout ce qu'il est possible d'imaginer pour l'improvisation d'une colonie, provisions, ustensiles, meubles, instruirions aratoires ou professionnels, machines et surtout bois de construction, baraques et maisons toutes faites. Çà et là, des femmes et des enfants, toute une bohème du désert.

Lorsque le moment arriva, ce fut comme une traînée de poudre tout le long des campements. A Chamberlain, toute la soirée et toute la nuit ce fut un hourvari et un tapage infernal. Les chevaux et les voitures s'apprêtaient et se rangeaient, prêts à partir sans une minute de retard. On tirait le canon, on tirait des coups de fusil : on lançait des fusées et des pétards ; les cloches sonnaient ; les gens criaient ou chantaient en chœur : les intrépides dansaient, et au milieu de cette confusion couraient les agents, les habiles, les gens pratiques qui se glissent partout, formant des groupes, concertant les intérêts, établissant des solidarités et préparant le terrain, avant de l'avoir même atteint.

Au moment même où la masse s'ébranlait et où les colonnes d'invasion se mettaient en marche, il y avait déjà, non-seulement des maisons montées sur des solives et sur des roues, mais des villages sur le papier et des municipalités organisées, toutes prêtes à fonctionner au temps d'arrêt, avec leurs maires et leurs conseils municipaux.

Tout cela cependant se passa sans désordre et sans accidents. En un instant, la rivière, transformée par la gelée en une route unie comme un miroir, fourmillait de voitures, de cavaliers et de piétons, marchant en masses solides ou en caravanes. L'un des premiers groupes formait un cortège qu'on aurait cru composé à loisir pour une fête publique. Plusieurs voitures ornées de banderoles et de branches d'arbres cristallisées sous la neige portaient des personnages importants, ceux qui avaient mené à bonne fin la *concession* de la réserve, et dans un des véhicules était installé un corps de musique exécutant des gigues et des airs nationaux.

Quand vint la tombée de la nuit, ajouterons-nous, l'avalanche humaine s'était enfoncée dans les replis lointains de la prairie. L'immense bivouac de la veille était redevenu désert : l'obscurité était encore piquée de points rougeâtres, dernières étincelles des feux s'éteignant. A travers ce grand silence, on ne pouvait qu'éprouver pitié et mélancolie, en songeant aux tribus indiennes et à leurs vaillants chefs, si poétiquement chantés par Cooper, et refoulés sans merci de leurs dernières réserves par le flot montant de cette invasion continue qui, depuis 1820, s'est élevée à 15 millions d'immigrants étrangers, dont 6 millions d'Anglais, 3 millions 1/2 d'Irlandais, A millions 1/2 d'Allemands, 800,000 Suédois et Norvégiens, 350,000 Français et le reste Italiens ou Espagnols.

Parmi les envahisseurs de la réserve des Sioux, combien n'y avait-il pas de déserteurs de la terre, accourus des anciens états qu'ils avaient abandonnés après y avoir échoué, pour courir à la recherche d'un nouvel Eldorado !

En janvier et février 1890, le nombre des immigrants débarqués s'est élevé à 28,271 contre 23,588, durant les mêmes mois de 1889. Cette immigration, qui progresse toujours au lieu de se ralentir, commence à susciter des jalousies et des rancunes dans certaines régions où, contrairement à la loi, des patrons font venir de l'étranger des ouvriers engagés par contrats à l'avance, à ce point qu'il est proposé aujourd'hui d'appliquer des mesures restrictives contre les futurs arrivants d'Europe, tout comme on a déjà procédé à l'égard des Chinois.

Nous avons vu tout à l'heure comment la terre était dédaigneusement abandonnée par un maître trop changeant : des régions entières à cette heure restent à l'abandon, et sont vite reprises par une végétation aussi parasite que luxuriante. Comment le sol ne s'avilirait-il pas après de pareils traitements ? Voilà pour la terre elle-même : interrogeons maintenant les mœurs du cultivateur américain et de sa famille, comparées aux mœurs de France.

Posons d'abord en principe qu'à l'inverse de notre paysan, que le labeur anoblit, le fermier américain considère comme une vraie déchéance de mettre lui-même la main à la charrue ou à la bêche. Le métier de petit cultivateur ou de jardinier ne lui est pas en honneur : seule, la grande culture trouve grâce à ses yeux. Il ne s'accommode que d'une semeuse ou d'une moissonneuse, tirée à deux ou quatre chevaux, qui le promène comme un *gentleman farmer* à travers de vastes exploitations. Quant à la femme, dont le concours domestique pourrait jouer là-bas un si grand rôle dans le confort et dans l'épargne familiale, elle ignore ou néglige tout ce qui est de son domaine propre : point de ménagères ni de maraîchères. Aussi est-il peu de pays où le légume, source journalière de recettes partout ailleurs, reste aussi rare ou aussi inférieur de qualité. En outre, il ne faut pas perdre de vue que la plupart des fermiers sont de simples garçons de ferme ou artisans venus d'Europe, recrutés dans les dernières couches campagnardes, sans connaissances techniques : fermiers-maîtres improvisés, ils ne songent point à s'instruire et continuent à traiter le sol comme de vrais manœuvres. De plus, l'autorité du chef de famille, indispensable comme direction, ne se fait pas sentir, parce que l'esprit de famille est lettre morte. L'enfant mâle, aussitôt qu'il a atteint ses douze ou quinze ans, s'échappe et court chercher fortune ailleurs ; les filles, encore mineures, se dirigent du côté des grandes villes industrielles qui les attirent. Dans ce pays de liberté à outrance, dont Dieu nous garde ! le père resterait impuissant, le voudrait-il, à retenir à ses côtés sa progéniture comme aide naturel de ses travaux : la loi ne le lui permet pas, et l'intervention du détective, s'il le tentait, lui donnerait tort.

D'où la nécessité de recourir à des domestiques ou à des journaliers salariés, fort coûteux, qui, dans ce pays de démocratie excessive, traitent d'égal à égal avec le maître et lui dictent souvent la loi, toujours prêts à le quitter, certains de trouver sans peine de nouveaux contrats de louage, eu égard au manque de bras dans les campagnes. En ce qui concerne la pratique agricole, pas ou très peu de fumures confiées au sol surmené par le même genre de culture, jusqu'à épuisement des sucs nourriciers, qu'un assolement intelligent aurait pu revivifier. Que de fois même le fumier naturel reste-t-il improductif dans l'étable ou dans l'écurie ! Lorsque la couche s'en est amoncelée trop haut, le cultivateur se contente de démonter l'étable ou l'écurie pour aller la reconstruire sur un terrain voisin.

Aussi quelle différence d'aspect entre la terre américaine, malgré la puissance de son sol vierge, et le terroir canadien qui la limite ! De Détroit à Toronto, cité renommée pour ses jardins, sur les bords enchantés des lacs Erié et Ontario ; de Niagara à Montréal, le long des rives du Saint-Laurent, les cultures exubérantes se succèdent sans interruption : pas un pouce de terrain perdu ; c'est la vieille agriculture française qui s'affirme encore avec toutes ses traditions, tandis que sur le versant américain le voyageur rencontre mille solitudes, terrains vagues, mal défrichés par le fer ou le feu, où les souches et les troncs enfumés des anciens géants des forêts disputent l'humus à la moisson qui s'étiole. Il faut ajouter que le fermier américain a été encore gâté par l'excès de machines aratoires perfectionnées, dont la mécanique remplace trop souvent l'initiative et le travail manuel du cultivateur. La terre est comme les individus, elle a besoin de traitements variés, en rapport avec les diversités locales, pour son épanouissement complet ou pour ne point dépérir.

Faute d'observer ces principes élémentaires, la moins-value du sol américain s'est rapidement accentuée. Ainsi, à vingt milles de Washington et en dépit du voisinage de la capitale fédérale, l'acre de bonne terre est tombé au prix de 15 dollars, tandis qu'au Canada, on ne peut se procurer une étendue de même contenance et de même qualité que moyennant 90 à 100 dollars. C'est dans le New-Jersey que l'acre atteint son maximum de prix : la moyenne en est de 65 dollars. C'est au Texas et en Géorgie que la terre s'abaisse au minimum : la moyenne en a fléchi au-dessous de 5 dollars.

Nous en avons dit assez pour établir qu'en 1890, le fermier américain, jadis si florissant, est et se sent atteint dans ses moyens d'existence ; que ses plaintes et doléances, quelles que soient les origines et les causes du mal qui le dévore, sont bien réelles. Seront-elles entendues par le Congrès ? Y a-t-il un remède à cette situation aussi embarrassée qu'inquiétante ? Nous voici arrivés en présence de la coalition agricole, qui vient d'arborer son drapeau noir : celle-ci va nous répondre, avec une certaine éloquence.

VII. — THE FARMERS' ALLIANCE.

La terre américaine est le pays par excellence favorable aux associations et à leur libre développement. Chez un peuple où la presse et la lecture publique progressent avec la même rapidité au sein de toutes les classes, il ne pouvait échapper longtemps à l'observation des classes rurales que la contre-ligue des intérêts similaires était le seul moyen pratique de résister à l'absorption des *trusts*, et de conjurer ces spéculations qui venaient fausser sans cesse les cours des marchés agricoles.

Au début, on ne s'en était pris qu'aux magasins des traitants, bazars vendeurs de toutes denrées ou des objets de première nécessité, qui étaient venus s'installer dans les campagnes, où ils rançonnaient à leur aise leurs clients ruraux. En effet, ces derniers, forcés, soit par l'éloignement des grands centres ou par leur manque de ressources monétaires, passaient, non sans murmurer, sous les fourches caudines d'un négoce peu scrupuleux. De grosses fortunes, réalisées hâtivement grâce à cette exploitation sans concurrence, avaient éveillé l'attention des populations victimes. Des *meetings* locaux, à l'origine, s'étaient formés au hasard : on y tenait des discours violents contre le capital et le monopole ; mais, faute d'entente commune et d'expérience, on se retirait sans aviser ni conclure. La face des choses changea brusquement dès que les tarifs protecteurs, surélevés et créés en faveur des fabricants indigènes, eurent eu pour résultat de faire payer aux cultivateurs le coût des instruments aratoires et de l'outillage rural à un prix supérieur de 25 à 50 pour 100 au prix de revient.

L'exemple des *Chevaliers du Travail*, qui fonctionnaient déjà avec succès dans les grandes villes, trouva bientôt des imitateurs au sein des campagnes. Des associations, restreintes et isolées à l'origine, ne tardèrent pas à se concentrer, à prendre corps, et à élargir leur plan d'action. Les deux plus importantes, qui avaient adopté, l'une, la première en date, le nom de the *Farmers' Alliance*, l'autre le titre de the *Agricultural Wheel* (la roue), prirent la tête du mouvement.

C'était de l'état de Kansas, situé au cœur de la production agricole et le plus riche producteur de l'Amérique du Nord, qu'était parti le premier cri d'alarme et de protestation, cri qui, se propageant d'année en année à travers les états voisins, vient de retentir-soudainement sous la coupole du Capitole, cette fois impérieux et menaçant : ce fut dans deux états limitrophes au Kansas, le Texas et l'Arkansas [11], que les deux associations que nous venons de signaler prirent naissance. La première, l'Alliance des Fermiers, tint son meeting d'ouverture, le 28 juillet 1879, à Poil-Ville, dans le comté de Parker (Texas). On se borna à y échanger des vues-générales, à chercher des remèdes à la situation, à formuler des principes et des vœux. On y déclara, entre autres choses, que la société avait pour but principal de travailler à l'initiation des classes agricoles dans la science de l'économie politique, mais en excluant rigoureusement tout esprit de parti. Ce programme ne manquait ni de prudence, ni d'habileté : il allait grouper sous le même drapeau économique des adversaires politiques. D'autre part, il ne pouvait porter ombrage aux chefs du parti au pouvoir. Aussi, le 6 octobre 1880, la société naissante obtenait-elle droit de cité et reconnaissance officielle par charte de la législature du Texas.

Dès le mois de février 1881, elle se réunissait, légalement constituée ; elle choisissait pour l'organe de ses revendications le *Wealther ford Herald* ; elle créait sur divers points des sous-alliances, qui obtenaient à leur tour des chartes particulières et locales. Ses secondes assises se tinrent le 10 août 1881, à Goslen. Elle poursuivait son œuvre, en étendant de plus en plus ses ramifications, et chaque année elle convoquait ses adhérents, dont le nombre croissait à vue d'œil au sein des campagnes appauvries. Sa troisième assemblée se réunissait en février 1882, à *Wealther Ford*) dans la quatrième, inaugurée le 4 août de la même année à *Mineral Walls*, le comité directeur constatait, non sans une certaine arrogance, que le chiffre des sous-alliances constituées s'élevait déjà à cent vingt : le réseau allait s'étendant de proche en proche à travers tous les comtés de l'état.

Aussi, dès août 1883, vit-on la société fermière passer de la période d'organisation à celle de l'action : après mûre étude, elle abordait les questions financières, en ce qui touchait son fonctionnement intérieur aussi bien que ses moyens de propagande et de résistance. L'année suivante, le 5 août 1884, elle réunissait cent huit délégués des alliances de comtés ; elle créait des établissements de dépôt pour les cotons, supprimant ainsi les *middlemen* (intermédiaires) entre les producteurs et les manufacturiers. Dans son assemblée générale du 4 août 1885, tenue à Decatur, elle marquait un pas de plus en avant ; elle préconisait et mettait à l'étude le système des ventes coopératives pour la production cotonnière. Malgré une opposition énergique de la part du commerce et des compagnies de chemins de fer, l'œuvre avait largement prospéré : les voies et moyens étaient trouvés. Le comité constitué pour la vente et le transport des cotons fut en mesure de porter la déclaration suivante à la réunion annuelle du 4 août 1886, assemblée à Cleburne, où quatre-vingt-quatre comtés étaient représentés :

« Étant donné que le coton est la récolte la plus importante, au point de vue financier, qui intéresse les fermiers de ce grand étal, le Texas ; que sa valeur, pour la dernière récolte, a été de 80 millions de dollars, d'après les prix déboursés par les filateurs, et de 64 millions de dollars seulement d'après la somme payée aux producteurs, soit une différence en moins de 16 millions de dollars, dont plus de moitié a constitué un bénéfice net pour les intermédiaires ; que la récolte de cette année promet de ne pas être inférieure à celle de l'année dernière ;

« Si une mesure n'est pas prise de concert par les producteurs du Texas, 8 ou 9 millions de dollars seront encore engloutis, au-delà des charges normales, en frais de transport, échantillons, pesage, inspection, classement, intermédiaires, etc.

« 8 ou 9 millions de dollars sont perdus chaque année par les producteurs de notre état, grâce à l'usage de faux poids, à un échantillonnage défectueux, à des fraudes, à des combinaisons malhonnêtes et à des prix de transport exorbitants.

« En conséquence, votre comité, après mûr examen de la question, propose que le système d'un marché coopératif des cotons soit adopté par les alliances des divers comités, comme le plus sûr et le plus prompt soulagement à offrir aux agriculteurs. »

Cette résolution fut adoptée à l'unanimité et l'expérience donna bientôt raison aux auteurs du projet. Enhardi par le succès, le comité recommanda ultérieurement le même système coopératif pour la vente directe de la graine de coton aux moulins à huile. De plus, on résolut de réclamer des compagnies la diminution des tarifs imposés au transport du coton. L'*Alliance des Fermiers* du Texas avait enrégimenté, à cette date, deux cent mille membres.

La seconde association, *the Agricultural Wheel*, ne prit naissance que deux ans et demi après la création de son aînée du Texas. Sans s'entendre avec elle, elle se proposa le même but. Son origine fut modeste : elle débuta par l'accord de sept membres fondateurs, qui se réunirent pour la première fois dans le comté de Prairie, dans l'état d'Arkansas, le 15 février 1882. Prenant modèle sur sa voisine et profitant de son expérience, elle n'eut pas de peine à enrôler les adhérents sous sa bannière. Le mouvement s'accélérait d'autant plus que les souffrances de la campagne étaient devenues plus vives. On se rappelle que le nouveau tarif de 1883 avait sacrifié les intérêts agricoles aux prétentions des industriels. En 1886, *the Wheel* comptait déjà cinquante mille partisans dans l'Arkansas.

VIII. — CONVENTION NATIONALE DES FERMIERS.

Dès le début de 1887, le petit groupe de 1882 était devenu légion : il avait gagné la Louisiane, le Tennessee, le Kentucky, le Wisconsin, l'Alabama, le Mississipi et le Missouri. A l'assemblée générale du 18 janvier 1887, cinq cent mille adeptes étaient représentés. Sur la double proposition des délégués du Texas et de la Louisiane fut votée unanimement la concentration de toutes les alliances fermières en une convention nationale, qui prit le nom de *the National Farmers Alliance and Cooperative Union.* La nouvelle ligue eut bientôt conscience de sa force. Abandonnant désormais le terrain restreint et purement économique de la première et modeste déclaration de Poil-Ville, qui avait suffi comme programme en 1879, elle faisait un premier pas politique. Elle déclarait « qu'il fallait revenir au vieux principe des fonctions publiques confiées à des hommes compétents, » et blâmait « la recherche des emplois par des nuées de compétiteurs. »

Après cette déclaration de principes, qui était un avertissement lancé à l'adresse des deux partis politiques, et qui allait à l'encontre de la maxime devenue favorite chez les meneurs du suffrage universel, « les dépouilles aux vainqueurs, » la réunion plénière prenait les résolutions suivantes, dont la gravité s'accentuait en automne dernier, alors que la Ligue fermière, réunie en convention nationale à Saint-Louis, mettait solennellement sa main dans celles des *Chevaliers du Travail*, la fameuse association ouvrière.

« Abolition de tous les monopoles. — Interdiction de la propriété foncière aux étrangers. — Réforme des systèmes de tarifs et de transports. — Circulation suffisante de monnaie. — Création de caisses d'épargne postales. — Admission des noirs dans la Ligue, mais sans leur conférer le droit de délégation à la Convention nationale. — Arbitrage par le comité exécutif pour tous différends entre tous les membres de la Ligue. » — Tel fut le nouveau programme, qu'on peut appeler les cahiers du tiers-état qui venait de se fonder et de prendre position en face des politiciens et des rois de l'argent, prêt à se servir des uns et des autres ou à les combattre, suivant ses propres intérêts. Ce programme était et est resté une véritable déclaration de guerre à l'adresse des syndicats agricoles, des sociétés terriennes étrangères, des compagnies de chemins de fer, des banques nationales, sociétés de dépôt et de crédit usuraire, gérées par des particuliers et ayant droit d'émission de papier-monnaie dans l'état où elles fonctionnent, en un mot de tout ce qui vit du monopole, et enfin c'était un appel à la classe noire, dont la force numérique n'est pas à négliger dans les pays cotonniers. Aussi l'appel fut-il largement et vite entendu. L'assemblée générale de la Convention, au mois de décembre 1888, accuse trois millions de membres associés à *the National Farmers Alliance and Cooperative Union*. Le pouvoir exécutif de la Ligue établit du coup son siège officiel et central à Washington : le sens de cette résolution était clair, le Capitole était visé. Qu'allait répondre le nouveau gouvernement américain, porté tout récemment au pouvoir par le parti républicain, resté vainqueur du parti démocrate ?

M. Rusk, le nouveau secrétaire du ministère de l'agriculture, n'hésita pas à prendre parti : il avait vite deviné quel puissant levier la Convention nationale agricole allait mettre entre ses mains. Le fils de petits fermiers, devenu propriétaire foncier et homme d'Etat, se souvint de ses origines et de ses vieilles affinités avec la terre. Voici en quels termes habiles il répondit à la Ligue, dans son rapport général de 1889, déposé sur le bureau du Congrès :

« Ces associations représentent les sentiments légitimes des populations agricoles et prouvent leur désir de faire tout ce qui sera en leur pouvoir pour améliorer leur condition, en perfectionnant les procédés de culture.

« Je considère comme un des premiers devoirs de mon ministère d'aider et d'encourager ces fermiers dans leur entreprise, dont le succès doit avoir pour effet d'augmenter la fortune publique du pays. »

D'économie politique, pas un mot : le secrétaire, resté prudent, n'a voulu voir de la question que le côté agricole technique. Toujours est-il que, malgré cotte réserve, la Ligue a désormais trouvé, à la tête du gouvernement lui-même, et son chef et son défenseur. Depuis lors, M. Rusk ne lui a pas fait défaut. Dans son administration, comme devant les commissions législatives, il a soutenu et fait soutenir la cause des agriculteurs, réclamant hautement en leur faveur des taxes intérieures, et le relèvement des droits d'entrée sur toutes les matières premières provenant de l'étranger et pouvant faire concurrence à la production indigène. Les intérêts ruraux ne pouvaient espérer un plus chaleureux interprète de leurs revendications. De plus, le moment est bien choisi pour entamer l'action, car l'opinion publique a aussi ouvert les yeux ; elle a reconnu que la protection à outrance des manufacturiers, aux dépens de l'agriculture, n'avait qu'un but, celui de conserver des commanditaires et des clients électoraux.

Aussi le *Puck* (le diablotin), feuille satirique de New-York, frère siamois du *Punch*, de Londres, qui n'épargne guère ni les politiciens, ni les scandales, — et il a fort à faire en ce moment, — publiait-il, dans son numéro du 2 avril dernier, une de ces gravures coloriées de circonstance où le crayon américain excelle. A travers une vaste campagne apparaît, au second plan, un corps de ferme dont les toits et les murs sont bariolés de certificats d'hypothèques. Sur un grand poteau s'étale une affiche ainsi conçue : « Après faillite [12], ferme à vendre par le shérif, en paiement de sa dette. » — Sur le premier plan se dresse un fermier à haute stature, coiffé à la Buffalo, détachant de ses yeux un bandeau sur lequel sont inscrits ces mots : *Leurre de la protection*. Chacun de ses vêtements, ses chaussures sont étiquetés de papiers blancs indiquant la taxe dont ils sont frappés ; mêmes étiquettes, dénonçant 45 pour 100 de droits, flottent attachées aux charrues et aux instruments de culture qui encombrent la cour de la ferme. Le fermier, au regard courroucé, tandis que sa femme et son enfant pleurent à l'écart, menace et chasse du doigt M. Reed, le speaker actuel de la chambre législative, le représentant Mac-Kinley, dont les élucubrations fiscales agitent le négoce européen, et enfin le président Harrison, qui, tout rapetissé, emporte dans ses bras la plate-forme électorale de 1888, le programme des protectionnistes à outrance ; tous trois fuyant les imprécations de leur victime, au pas de course.

Ce tableau, d'allure fort vive, est aussi humoristique que conforme à la réalité : aussi a-t-il eu son heure de vogue, d'autant que sa publication, inspirée par le comité exécutif des fermiers fonctionnant à Washington, donnait le signal de l'ouverture des hostilités. La convention nationale se préparait en effet à entrer en scène : elle allait cette fois faire entendre sa voix au congrès.

Au sénat, la parole fut prise par un vétéran parlementaire du parti démocrate, M. Voorhees, ancien *attorney* et *congressman*. Le sénateur de l'Indiana prononça, ce jour-là, une des plus violentes philippiques qui aient jamais retenti dans l'enceinte de cette sage assemblée.

« Il y a tout à l'heure trente ans, s'écria l'orateur, que les patriotes ont tout sacrifié durant la guerre terrible pour l'honneur et l'amélioration du pays ; et jamais nous n'avons assisté à un déchaînement de passions plus basses, et de vices plus sordides et odieux. Vous avez taxé à outrance une classe de citoyens pour enrichir l'autre à ses dépens. La dette publique est doublée de valeur, l'argent est démonétisé, et pourtant vous avez établi des tarifs de prétendue protection qui appellent toutes les malédictions. Grâce à eux, les fermiers des États-Unis en sont réduits, à cette heure, à ne vendre le boisseau de maïs que 10 cents, celui de froment 50 cents, et la livre de porc de 2 à 3 cents : en revanche, leurs dépenses se sont accrues de 35 pour 100. Dans l'état d'Ohio, les fermes sont grevées de 300 millions de dollars d'hypothèques : dans l'Illinois, le chiffre des emprunts dépasse 402 millions de dollars, et le tiers des terres est engagé. Partout ailleurs la moyenne des fermes hypothéquées s'élève de 30 à 50 pour 100. Voilà votre œuvre néfaste ! »

Tel fut le prologue du discours adressé au parti républicain. Les galeries, où s'entassent blancs et noirs, couvrent la harangue de salves d'applaudissements. M. Voorhees poursuit, plus âpre encore qu'au début, et les applaudissements redoublent, quand le vieux sénateur évoque « le festin de Balthazar, » qui vient d'être offert, à Washington, aux délégués des trois Amériques par le fastueux millionnaire et manufacturier de Pensylvanie, l'ami particulier de M. Blaine, M. Carnegie, disant à ses convives, avec plus de vanité que de bon goût : a Le monde presque entier a contribué à la composition du menu qui va vous être servi. » Les galeries exultent quand il ajoute, comme péroraison : « Les fermiers veulent cesser de souffrir, et le *Mané Thécel Pharès* est écrit sur la muraille du festin. » Après lui, ses collègues, MM. Wilson de l'Iowa et Stewart de Nevada reviennent à la charge. Modification immédiate des tarifs extérieurs et intérieurs, augmentation de la circulation monétaire, voilà ce qu'ils réclament d'urgence. Mais le dernier mot n'est pas dit. M. Stanford, sénateur de la Californie, dépose un projet de bill ayant pour but de faire prêter, par le trésor fédéral, aux fermiers menacés de ruine ou d'éviction, la somme nécessaire pour désintéresser leurs créanciers, somme à prendre sur les excédents annuels des recettes fédérales, et au taux modique de 1 à 2 pour 100 d'intérêt annuel.

A la chambre des représentais, se lèvent les *congressmen* MM. Peters et Perkins, députés de l'état de Kansas, qui est resté l'âme du mouvement agricole dont jadis il a pris l'initiative. Ils ont reçu et appuient de leurs discours la délégation de l'Alliance fermière de leur état, qui est venue apporter à Washington les résolutions votées le 27 mars 1890 par la ligue qui siège à Topeka, à la même heure où, de son côté, l'Ordre des *Chevaliers du Travail* délibère à Saint-Louis et à Pittsburg. Mise en goût par le bill Stanford, l'Alliance des fermiers réclame des remèdes à la situation par voie législative, entre autres une solution brutale de la question hypothécaire au profit du débiteur foncier, et une modification de la constitution. Voici le texte de ses résolutions : « 1° Le vœu est émis qu'un bill soit passé par le congrès, pour répartir entre le débiteur et le créancier hypothécaire une diminution dans la valeur due sur les fermes qui ont été hypothéquées, par suite de la contraction de l'argent monétaire ou par suite d'autres lois injustes ; et cela en proportion de leurs intérêts respectifs au moment de la signature du contrat hypothécaire encore en vigueur ; 2° il est demandé que les sénateurs des États-Unis soient désormais élus directement par le peuple ; 3° nous réclamons l'élection par le suffrage universel de commissaires près des compagnies de chemins de fer, avec pleins pouvoirs pour régler les tarifs de transports comme la loi vient de l'établir dans l'état d'Iowa.

« Nous réclamons en outre qu'un amendement à la constitution de l'état soit soumis à l'approbation populaire, permettant le passage d'une mesure législative, qui aurait pour but d'exempter de taxe les *homesteads*, habités par leurs propriétaires, et qui frapperait de taxes proportionnelles toute terre acquise dans une intention de spéculation par des non-résidents, des étrangers ou des sociétés, au fur et à mesure de l'augmentation de sa valeur. »

Ces résolutions avaient été précédées de la publication d'un communiqué, lancé par le journal de Kansas-City, en Missouri, qui déchirait tous les voiles, et intitulé : *Une nouvelle force politique.* « L'Alliance des fermiers du Kansas, était-il dit, a grandi si rapidement, aussi bien en nombre que dans le perfectionnement de son organisation, que désormais elle est devenue un facteur important de la politique locale, comme de celle de l'État. L'organisateur de l'État, M. Jennings, vient de terminer une tournée dans la contrée, durant laquelle il a fondé de nouvelles alliances, et élargi l'action des anciennes. Chaque comté de l'état est désormais organisé : presque tous les fermiers de chaque comté sont membres de l'Alliance. Chaque comté est gouverné par un comité central, qui reçoit ses instructions du comité de l'état ; ce dernier ressort de la convention nationale. L'ordre est devenu exceptionnellement fort par suite de cette organisation perfectionnée.

« Dans les élections locales, desquelles dépendent leurs intérêts directs, les alliances ne prêtent d'ordinaire leur appui qu'aux candidats qui partagent leurs vues et qui adoptent leurs principes.

« Dans les élections de l'état, on a pris le même parti, et on a même proposé pour la candidature au poste de gouverneur M. A.-W. Smith, dit *farmer Smith*, de Mac-Pherson.

« Notre organisation a déjà mis un doigt dans le gâteau des élections nationales. Le président de l'Alliance de Kansas a envoyé une lettre aux sénateurs et aux représentants de l'état, pour leur dire que, selon les fermiers, la dépression agricole provient d'une législation vicieuse.

« Beaucoup de questions, qui attirent en ce moment l'attention du congrès, sont beaucoup moins urgentes que celles de qui dépendent la sécurité du toit et le bonheur de la famille. Le peuple pense que les citoyens blancs du Kansas possèdent quelques droits, aussi bien que les citoyens de couleur du sud. Il croit que les héros, blancs et noirs, également morts dans les batailles du passé pour la liberté et la conservation de nos institutions, pourront bien patienter un moment jusqu'à ce que les droits des héros vivants, luttant pour des loyers américains, soient reconnus par ceux qui ont été choisis pour les représenter au congrès. Plus de cent mille voix se trouvent dans l'état du Kansas, pour appuyer ces résolutions. Le temps approche, et il n'est pas éloigné, où les législateurs écouteront la voix de leurs mandants. »

Ces avertissements, ajoutait le journal de City-Kansas, indiquant la résolution ferme de Y Allumée de s'immiscer dans la politique, dérangent les politiciens qui deviennent sérieusement nerveux. Il est opportun d'ajouter que l'allusion aux héros blancs et noirs était une riposte au parti républicain, qui, depuis un an, a accordé des pensions militaires, toujours croissantes, aux familles des victimes de la guerre civile, lesquelles s'élèvent à cette heure à près de 93 millions de dollars, et qu'il propose d'élever à 200 millions, en faveur de tous les soldats, blessés ou non, ayant paru à cette époque sous les drapeaux du nord. Le seul but est de se créer une nouvelle clientèle électorale, et formidable ; de telle sorte que le budget de la guerre des Etats-Unis, en un grand et puissant pays qui a la rare et bonne fortune de ne compter actuellement que 30,000 soldats en service actif, se verrait élevé au chiffre fabuleux de plus d'un milliard de francs, si pareil bill était pris en considération.

Ce communiqué de la convention nationale agricole, daté du 18 mars 1890, ne resta pas longtemps sans écho. Le 3 avril dernier, John J. Holland, membre du bureau exécutif et du comité législatif de l'association urbaine, les *Chevaliers du Travail*, prenait la plume à Pittsburg, et faisait connaître par la presse le but que se propose d'atteindre son ordre, dans les états du midi et de l'occident, le tout de concert avec l'*Alliance nationale des fermiers*. Ce fut un véritable et dernier ultimatum signifié aux membres du congrès.

« Les fermiers, avec lesquels nous nous sommes alliés durant leur convention nationale dans cette ville l'automne dernier, était-il dit, ont rendu des services importants cet hiver, à Washington, à notre commun avantage, en établissant leur influence dans le congrès. Nous travaillons ensemble : les deux associations se sont alliées pour obtenir des lois qui leur ont été refusées par les anciens partis. Leurs deux comités exécutifs, siégeant à Washington, suivent de près les travaux des membres du congrès, et transmettent chaque semaine leurs rapports à leurs assemblées et loges.

« Les membres du congrès, envoyés par les états du midi et du sud-ouest, sont frappés de panique. Chacun de ces membres, qui désirera être réélu, devra accepter de nous un programme bien déterminé. S'il refuse, nous choisirons un candidat, démocrate ou républicain, qui l'aura accepté. L'*Alliance des fermiers* est chargée de veiller à ce que les bulletins de vote soient exactement comptés [13].

« Nos deux grandes associations espèrent obtenir dans le cinquante-deuxième congrès au moins quarante-cinq membres qui seront tous dévoués à leur cause, ainsi que plusieurs sénateurs. »

A bon entendeur, salut. Les républicains, ultra-protectionnistes, l'ont si bien compris que le bill Mac-Kinley, élaboré par le cinquante et unième congrès pour le remaniement du tarif général, qui au début s'accusait surtout favorable aux fabricants et aux industriels, n'a pu résister aux clameurs récentes des campagnes, devenues de plus en plus menaçantes, et vient de subir un nouveau remaniement, après avoir été repassé au crible des commissions d'enquête, appelées de toutes parts au Capitole. Désormais, la parole est aux événements. Aujourd'hui, la crise est à l'état aigu. La lutte est engagée, aussi ardente dans la presse et dans le pays qu'au sein du congrès : elle intéresse tout l'avenir économique des Etats-Unis, et même, par contre-coup, celui de l'Europe. Elle peut toucher même à la constitution politique de la vieille Amérique. Jusqu'à ce jour, la puissante république du nord ne comptait que deux grands partis, les démocrates et les républicains, qui se succédaient au pouvoir, suivant les oscillations du suffrage universel plus ou moins vicié dans son expression. Désormais, il leur faut compter avec une troisième puissance, qui, selon qu'elle inclinera à droite ou à gauche, suivant l'orientation de ses intérêts, décidera de la victoire aux élections fixées en novembre 1890, en vue du cinquante-deuxième congrès. Cette victoire peut être chèrement achetée ; car, on ne peut s'y tromper, la question sociale est en jeu des deux côtés de l'Océan. Il est bien évident que la *Ligue des fermiers*, dans les campagnes, les *Chevaliers du Travail*, dans les villes, vont essayer d'exercer une action commune contre le capital ; il est probable que les deux ordres associés entreront au nouveau congrès, triomphants dans une certaine mesure. Quel sera le dénouement de la crise agricole ? Nul ne peut le prédire. Ce qu'on peut affirmer, sans crainte de se tromper, c'est que les partis en présence ne manqueront, ni d'audace pour attaquer, ni de ressources pour résister. Espérons que la victoire restera aux plus sages : ce serait, d'ailleurs, gravement se tromper que de croire que le congrès manque de talents et de lumières de premier ordre, capables de dénouer habilement la situation. Les travailleurs et les penseurs n'y font pas non plus défaut.

Nous assistions à une des récentes séances du Capitole. Le marteau du speaker venait de retentir sur son bureau de marbre blanc. C'était le signal de la prière commune. Pendant que le chapelain aveugle prononçait d'une voix émue une prière, adressée au Seigneur, pour appeler ses bénédictions sur les délibérations de l'assemblée, les représentants des Etats-Unis, venus des latitudes les plus opposées, se tenaient debout, en oraison, tous recueillis, l'air grave, la plupart les mains jointes. Au fond de la salle, au-dessus de la tête du président de la chambre, flottaient les couleurs nationales aux quarante-deux étoiles : à ses côtés, apparaissaient dans la pénombre les figures de Washington et de La Fayette, fières et sévères, rappelant les luttes passées. La scène était d'un grand effet. On devinait que la grande image de la patrie fédérale, peut-être incolore dans le lointain, mais nette et vivante sous les voûtes du Capitole, planait là, au-dessus de toutes les querelles de partis, s'appuyant sur la foi encore vivace des envoyés du peuple américain. Pareil spectacle suffirait pour bannir les appréhensions que doit faire concevoir la lutte qui s'engage. L'Europe ne pourra que suivie, avec autant d'intérêt que de sympathie, les phases de la nouvelle épreuve intérieure que va traverser la démocratie américaine.

NOTES

1.   Voyez, dans la Revue du 15 janvier, un Homme d'état américain, par M. C. de Varigny.

2.   Voyez, dans la Hevue du 15 février 1889, le Centenaire d'une constitution, par M. le duc de Noailles.

3.   Le maire, comme ancien shérif, et le shérif actuel de New-York, tous deux démocrates, sont condamnés ou poursuivis pour faux et extorsions.

4.   Clavier à impression, reproduisant les lettres de l'alphabet et les chiffres, et mis en mouvement comme la machine à coudre par l'opérateur.

5.   L'acre vaut à peu près 4,000 mètres carrés, soit près de 2 acres 1/2 pour I hectare.

6.   Les États-Unis n'ont conclu qu'un traité exceptionnel ; véritable traité de protectorat, avec les îles Hawaï, qui en profitent pour les inonder de leurs sucres, lesquels entrent francs de droits par les ports de la Californie.

7.   Nous devons de précieux renseignements sur la matière à l'obligeance de M. le comte d'Arschot, conseiller de la légation de Belgique à Washington.

8.   Wheat veut dire blé. Bonanza est un terme d'argot, signifiant grande trouvaille, quelque chose comme le gros lot ou jadis la quine a la loterie. C'est le surnom dont le public yankee a gratifié l'opulent et l'heureux M. Mackay.

9.   Voyez le Courrier des États-Unis du 20 mars.

10.   Voyez le Courrier des États-Unis du 16 octobre 1889.

11.   Ce dernier état n'est séparé que par une bande du territoire réservé aux Indiens Cherokees.

12.   La faillite aux États-Unis atteint aussi bien le fermier que les ministres du culte.

13.   Ceci vise l'escamotage habituel du bulletin de vote, dans les districts des hommes de couleur.

ISBN : 978-1721623679

www.ingramcontent.com/pod-product-compliance
Lightning Source LLC
Chambersburg PA
CBHW051333220526
45468CB00004B/1606